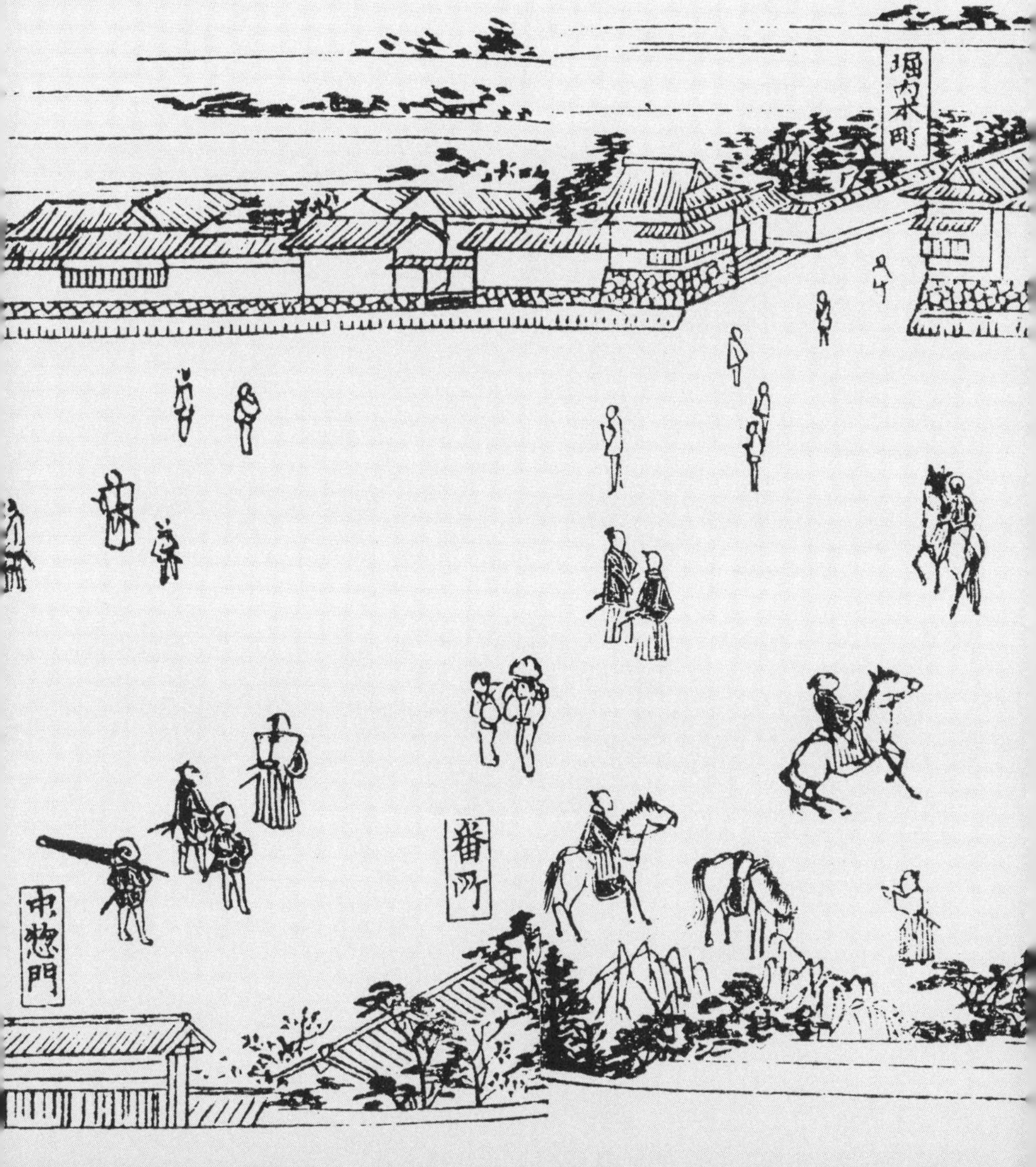
堀内本町
番所
中惣門

監修者――五味文彦／佐藤信／高埜利彦／宮地正人／吉田伸之

［カバー表写真］
毛利敬親大名行列錦絵

［カバー裏写真］
旧益田家物見矢倉
（山口県萩市）

［扉写真］
堀内総門の図
（『八江萩名所図画』）

日本史リブレット 45

武家奉公人と労働社会

Morishita Toru
森下　徹

目次

身分社会と奉公人

近世社会を支配した武士たち。彼らの身辺に付き従ったのが武家奉公人《ぶけほうこうにん》である。近年の研究は、武士の支配が社会のなかのさまざまな存在によって支えられていたことを明らかにしている。それになぞらえば、武家奉公人はもっとも〝目にみえる〟形で武士を支えるものだったともいえる。しかし本書は武士の支配を直接に問題にするのではない。彼らに仕えた奉公人それ自体に注目し、そこから近世における労働社会のありようにいささかなりとも迫ってみようとするものである。

そもそも近世とは身分によって成り立つ社会だった。この場合、身分とは必ずしも制度や序列という意味ではなくて、人びとが職業に応じたなんらかの集団に所属し、それが体制として公認されている、そういった社会の仕組みをさす。百姓であれば伝来の田畑、町人であれば町屋敷、職人であれば用具、こういった固有な所有の対象があって、かつそれぞれに家＝小経営を形成していた。それをたがいに認めあい保障しあうために集団に結集していたのである。

しかし家や集団から疎外された人たちも、またたくさん存在した。本シリーズ『40　都市大坂と非人』はそうした点にふれ、近世における都市の発展が多数の非人と呼ばれる人びとを生み出していったとしている。そのこととちょうど表裏の関係をなして、労働力販売に従事することで日々の糧をえる人びと、「日用《ひよう》」層▲と概括される者もまた都市には集まっていた。彼らは自分の体だけが頼りであって、しかもなんの技を有するわけでもない。したがって人に雇われ、単純な労働に従事することではじめて生きていける者だった。自身の肉体以外に守るべき所有対象はないし、その労働も誰にでも代替できる類のものであって、排他的に独占するなどそもそも無理である。そうした彼らであれば、固有な集団を形成しようがなかったし、また身分をえることもなかった。およそ近世社会の構成原理からすれば異質な存在にちがいなかった。

▼「日用」層　一般に、単純な肉体労働のことを日用、日用稼《かせ》ぎと呼んだ。なかでも都市部には、家を形成せず単身のまま日用稼ぎによって暮す者が多く存在した。そうした事実上の労働力販売者層のことを「日用」層と呼ぶ。［吉田、一九九八］参照。

それでも当時の社会は彼らの労働を必要としており、むしろその上に成り立つものともいえた。その最たるものが武士がかかえた武家奉公人なのである。武士がいかなる形で奉公人を必要とし、またどのような手段で確保していたのか、本書ではまずそのことをみていく。さらにそれを手掛りにしつつ、できるだけ実態的な武家奉公人の姿にまでおりたっていければと思う。

その際城下町萩《じょうかまちはぎ》を取り上げ、そこに即して考えることにした。彼らは武士に雇われると同時に、都市社会の住人にちがいない。そうであれば、それぞれに個性的な城下町との関わりを意識して、存在形態を明らかにする必要があろう。各地の事例を寄せ集めてきて、結局はどこにも実在しない抽象的な像の提示に終始してしまうことを恐れるものである。

また問題となることに、武家奉公人の実像といっても具体的にどの局面を描出するかということがある。ふだんの暮しぶり、意識のありよう、ライフサイクル……。知りたいことは山ほどあるし、読者の関心もさまざまかも知れない。史料的な制約があるなかでの作業にはなるのだが、ここでは彼らが属した社会組織、もしくは形成した社会的結合のありよう、そうした点に焦点をしぼって

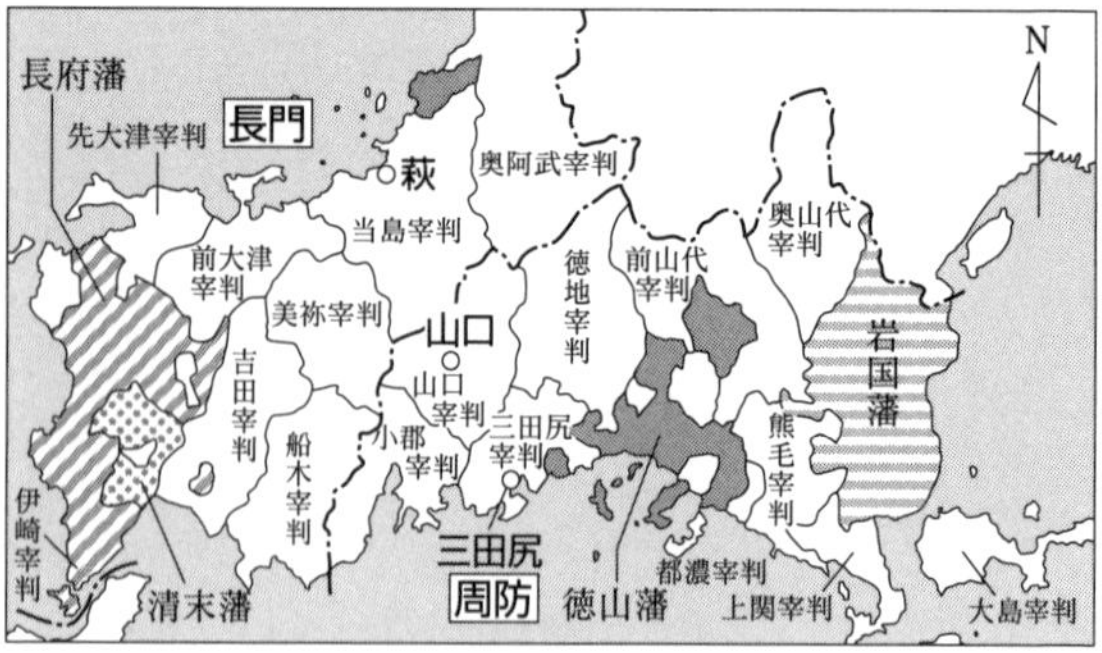

●─萩藩領の概観

考えたい。ほかの身分集団との関係を考察するうえでも、それこそが比較の切り口になると判断するからである。

武家奉公人という周縁的な存在にこだわることで、どういった近世社会像が描けるか。さっそく史料の森に分け入ってみることにしよう。

①―武士の役

萩藩家臣団の構成

そもそも武士はいかなる形で奉公人《ほうこうにん》を必要としたのだろうか。本題の奉公人の問題にはいる前に、彼らの雇用主であり主人だった武士のあり方を概観しておきたい。

周防《すおう》・長門《ながと》を領国《りょうごく》とする萩藩《はぎはん》▲は、関ヶ原合戦《せきがはらかっせん》に敗れた毛利《もうり》氏が封じられてから幕末まで一貫した、典型的な外様《とざま》大藩の一つだった。入封《にゅうふう》直後に慶長検地《けいちょうけんち》とそのやりなおしの寛永《かんえい》検地を行い、新しい領国での再出発をめざしている。そしてこれらの政策を押し進めた藩主秀就《ひでなり》▲は一六五一（慶安《けいあん》四）年正月に死去。まだ幼い跡継ぎ綱広《つなひろ》▲が襲封した際、家臣団《かしんだん》の再編成がはかられた。この再編が、以後幕末まで続く組織の基礎になった。

それからしばらくたった一六七〇年代における家臣団の構成を次ページ表によってみてみよう。まず筆頭に毛利を名乗る一門《いちもん》五家や、宍戸《しじど》・益田《ますだ》などの家《か》老《ろう》クラス、および寄組《よりぐみ》という上層家臣がまとめて記載されている。ほかと比べ

▼**萩藩**　関ヶ原合戦後、毛利氏が入封して成立した藩。朱印高《しゅいんだか》三六万九〇〇〇石。十七世紀末の検地（貞享《じょうきょう》検地）で確定した石高《こくだか》は六三万五〇〇〇石。萩藩における藩政の確立については［田中、一九九六・二〇〇五］参照。

▼**（毛利）秀就**　一六〇〇（慶長五）年家督を継ぐ。一六五一（慶安四）年五七歳で死去。

▼**（毛利）綱広**　一六五一年襲封、六九（寛文《かんぶん》九）年死去。

●──「延宝分限帳」階層構成(1670年代半ば)

知行高	一門・寄組	手廻			物頭組	大組								船手組		寺社組	小計
		一組	一組			一組	一組	一組	一組	一組	一組	一組	一組	一組	一組		
石	人	人	人	人	人	人	人	人	人	人	人	人	人	人	人	人	人
10,000〜	2																2
5,000〜	5				1												6
4,000〜	1																1
3,000〜	4		1									1					6
2,000〜	5						1		1								7
1,000〜	9	1				1	1	1	1	2	1	2	2	1	1	1	24
800〜	4									1			1			1	7
500〜	1	5	5	2		5	5	7	17	6	6	6	4	1	1	1	72
400〜	4	3	2		1		1	3	9	2	3		2	1		1	32
300〜		3	6			9	7	10	1	8	11	8	8	1	1	2	75
200〜		4	5	2	18	13	12	15	7	16	14	16	12	1	2	2	139
100〜		10	14	14		17	24	12	17	16	22	17	18	6	8	5	200
80〜				3	6	2		2	7	5	2	2	3	1	1	1	35
50〜		11	8	41		34	28	33	27	28	25	34	23	6	7	2	307
0〜		6	4			1	2		8	6	8		5			1	41
小　計		43	45	62		82	81	83	95	90	92	86	78	18	21		
合　計	35	150			26	687								39		17	954

山口県文書館毛利家文庫「給禄」114より作成。

た知行高《ちぎょうだか》の多さが目につくところだろう。ちなみに一六五一年七月の「武具定め」(『山口県史　史料編近世2』三―二〇一号。以下『県史　近世2』と略称)では、八〇〇石未満で持鑓《もちやり》・持筒《もちづつ》・乗馬数を定めるのに対して、八〇〇石以上は一万三二〇〇石までを二六階層に分けて「大道具」の鉄砲・鑓・馬数を規定、「持ち道具」は制外としている。前者が藩の弓隊・鉄砲隊と結合されてはじめて戦闘集団たりえたのに対し、上層家臣は自律的な戦闘集団を構成していたことになろう。また知行地をみてもまとまった場所を有する者が多く、とくに有力な者は地元に田屋《たや》などと呼ばれる陣屋《じんや》を設け、陪臣団《ばいしんだん》を居住させていた。あるいは一〇〇〇石以上ならば城下において居屋敷《いやしき》以外に下《しも》屋敷があたえられてもいた。この階層は相対的には自立度の高い家臣だったといえる。

　この表ではそのあとに藩主近似の手廻《てまわり》、弓足軽《あしがる》と鉄砲足軽を率いる物頭《ものがしら》組などが続いている。また最後の寺社組には医師や役者など「芸能」をもって仕える家臣がまとめられていた。こうしたいくつかの組のうち、組数においても人数においても断然多いのが大組《おおぐみ》である。計六八七人と人数でいえば表示の七割強を占めるこれは八組に編成されているが、一組八〇～九〇人程度とほぼ均質

●—「延宝分限帳」大組のうち下地知行を有する者(1670年代半ば)

本知行高	うち下地知行高(石)												計
	一〇〇〇石〜	九〇〇石〜	八〇〇石〜	七〇〇石〜	六〇〇石〜	五〇〇石〜	四〇〇石〜	三〇〇石〜	二〇〇石〜	一〇〇石〜	五〇石〜	〇石〜	
石 1,000〜	13			1									14
900〜1,000		1											1
800〜 900			1										1
700〜 800				5									5
600〜 700					4	2							6
500〜 600						21	1	4		1			27
400〜 500							8	1	2				11
300〜 400								44	8	3	1		56
200〜 300									74	5	2	2	83
100〜 200										48	9	9	66
50〜 100											41	14	55
0〜 50												13	13
計	13	1	1	6	4	23	9	49	84	57	53	38	338

「給禄」114より作成。

な構成からなっている。

　この大組内部の構成をみると知行高五〇石程度の者が最多で、それに一〇〇石、二〇〇石程度が続いている。ほぼこのクラスが平均的な階層だったことになろう。さらに大組の知行高と下地《したじ》知行地▲との相関を示した前ページ表からわかるように、この時期には六割強が知行地を有していたことも特徴である。萩藩の村落▲では蔵《くら》入《いり》地《ち》と給《きゅう》領《りょう》との区別が厳密になされ、給領には給領庄《しょう》屋《や》という村役人がそれぞれにおかれていたし、年《ねん》貢《ぐ》徴収も藩の蔵とは別の蔵におさめられていた。大組に所属する中下層レベルでも知行地を基盤にする者が多かったわけである。もっとも階層別にみると、二〇〇石台では約九割、一〇〇石台では過半数だが、一〇〇石未満では四分の一程度となる。最下層の五〇石程度は浮《うき》米《まい》▲取《どり》といって下地知行地を所持せず、藩の蔵入から給付される者が中心だった。大組は、知行地を基盤にした一〇〇〜二〇〇石程度の部分と、それをもたない最下層とにさらに区分されていたことになる。なお、この下層の部分は以後も増え続け、十八世紀半ばには一組一四〇人前後にまでふくれあがっていく。

▼下地知行地　家臣に知行としてあたえられた領地（知行地）。

▼萩藩の村落　規模の大きさに特徴があり、一〇〇〇石を超えるものもざらだった。内部は、庄屋のもと蔵入地（藩の直轄地）におかれた数組からなる畔頭《くろがしら》組と、給領庄屋に管轄される給領地（家臣の知行地）に分かれていた。

▼浮米　知行取の家臣に対して、下地知行地にかえて、蔵入地から給付された蔵米。物成《ものなり》は四つ（四割）と決まっていたので、たとえば一〇〇石取だと、浮米は四〇石が給付された。

江戸番手と国元での役

こうして藩主から知行をあたえられた家臣は、その見返りに奉公の義務があった。そもそも所属する組の規模が均等だったのも、彼らが組をとおして役負担を務めていたからだった。近世社会にあって百姓や町人をはじめ、さまざまな身分が集団への所属と公儀《こうぎ》への役負担をとおしてみずからの所有を実現していた、ちょうどそれと相似した論理を武士身分においてもみいだすことができそうである。つぎに役負担の中身をみておくことにしよう。

萩藩では江戸への参勤交代《さんきんこうたい》のことを江戸番手《ばんて》といいならわしているが、新藩主襲封直後、一六五一(慶安四)年四月に江戸から国元へ規定が発布された。そのなかで大組についてはつぎのように定められている(『県史　近世2』三―一九五・一九六号)。まず八組が一年交代で務め、毎年三月一日に江戸で上屋敷・下屋敷での「御番所」を受け取るように、とある。そして順番があたった組からは八〇石以上は四〇人をさしださせた。このときより人数がふえている一六七〇年代には各組八〇石以上が五〇～六〇人ほどいたわけだから、ほとんどの者が担当したことになろう。他方八〇石以下は「御次番」の名目で九人、およそ三分の一程度が負担すればよかった。知行地を有する部分を基盤にしていたといえるであろう。

そして、さきに述べたようにこの指示に従って家臣団が再編され、「分限《ぶげん》帳《ちょう》▲」での記載の仕方が確定した。つまり組編成は江戸番手への対応を直接に反映しており、それこそが平時における家臣団編成の梃子というべきものだったわけである。もっとも新藩主はこのあとも在府を続け、初入国は一六五八(万《まん》治《じ》元)年のことだった。したがって規定の内容自体は、藩主が在府していることを前提に、江戸藩邸詰めの交代要員を送り込むためのものと思われる。藩主が帰国・参勤する際には、供奉《ぐぶ》する番手の組数・員数も当然増加したのであろう。

では、江戸番手を務めないときには国元でいかなる負担があったのか。

まず想定できるのは役所での勤務だろう。萩藩の国元での役所は蔵元《くらもと》▲と呼ばれる一角に集中していた。もともとは二の丸におかれていたが、一六七〇年代初めに三の丸に移転したとされる。そして移転したあとには武具方がおかれたし、そのほか作事を担当する御木屋《おこや》▲や萩町の支配を担当する御客屋《おきゃくや》▲などは蔵

▼**分限帳**　知行取の家臣の給禄《きゅうろく》帳《ちょう》。毛利家文庫に近世初めからほぼ連綿として残されている。

▼**蔵元(本)**　移転後は三の丸(堀内)北端、もとの作事木屋《こや》の場所におかれた。ここには藩庁諸機関が集中していた。

▼**御木屋**　三の丸北端のもとあった場所に蔵元が移転、東隣に移った。萩城や藩管轄の施設の営繕にあたった。

▼**御客屋**　町奉行所《まちぶぎょうしょ》。呉服町《ごふくちょう》二丁目と瓦《かわら》町のあいだにおかれている(五九ページ図参照)。

元とは別に役所があった。

　これら国元役所の構成とその構成員をうかがえるものに、一六六九（寛文《かんぶん》九）年作成の付立《つけたて》がある（東京大学史料編纂所益田家文書五二―一二）。それによれば、およそ五〇ほどの役所それぞれに「御用人」と「手子《てご》▲」とが詰めている。そして「手子」はさらに「侍《さむらい》手子」「足軽手子」「中間《ちゅうげん》手子」からなっている。うち「侍手子」は主として無給通《むきゅうどおり》▲など「分限帳」登載よりは下の階層の者が務めたもので、大組などの士分が配属されたのは「御用人」だった。もっともほとんどの役所の人数は一、二人であって、責任者としておかれたことがわかる。各役所の日常業務は責任者である士分の「御用人」と、その配下の数人の「手子」とで果たされていた。そしてこの「御用人」の合計は一〇〇人程度である。だとすれば在国中の大組で役所勤務に就いているのは、あくまで一部にとどまっていたことになる。

　では江戸番手を務めるでもない、かといって国元の役所勤務をするわけでもない多くの家臣はふだんなにをしていたのか。

　一六五一年七月には新藩主が国元へ統治全般に関する黒印状《こくいんじょう》を令している

▼**手子**　役所にあって実務や雑用を担当する下級吏僚。のちには中間が主として担うようになる。

▼**無給通**　「分限帳」登載の家臣とは別に、知行地を有さず切米《きりまい》・扶持を給付される者があった。それらは「無給帳」という給禄帳に登載される。その一つが無給通。

▼**月番**　一カ月単位で交替すること。

（『県史　近世2』三―一九九号）。うち家臣団については、大組は一カ月単位で城番を務め番所に詰めよ、火事など非常時にはその組全員が城へ詰めて城代の指示に従え、とする箇条がある。実際十月に幕府の上使《じょうし》が来藩した際には、堅田《かただ》安房《あわ》組を除く七組が月番▲で城番・火本《ひもと》番・上使屋敷の三つの番を担当していた（同前三―二〇七号）。また一六四五（正保《しょうほ》二）年には、火事が起きれば城番の組は城へ詰め、ほかの月番の火消し番二組が火本へでることも定まっていた（同前三―一六六号）。この城番と、火事の際に決まった箇所へ駆けつける火本番は、在国する大組の負担としてその後もずっと存続している。

さらに恒常的な番役とは別に臨時のものもあった。一六六〇（万治三）年の規定では、城下で喧嘩など「不慮の儀」が起こった際、大組から派遣する搦番《からめばん》のことが記されている。すなわち城下の出入口となる七つの口を定め、そこに一組ずつを宛行って、それぞれに五、六人を差しだすように、とある（同前三―二八五号）。萩から市外へでる者を取り締まり、城下《じょうか》を一時的に封鎖するためのものだった。

このように国元にあっては役所勤務以外に番方勤務がさまざまあった。しかもこれらは近世をとおして機能し続けており、原則として病者や幼少の者以外が交代で務めていた。役所勤務やそのほかの役を臨時に命じられた場合は、そのローテーション▲を一時的に離れて勤務する形をとっている。こうしたあり方を目にするとき、役方は番方から派生したもので、番方勤務こそが近世の武士のもっとも根幹的な役負担だったとする山口啓二氏の指摘が、改めて想起されるであろう。

近世の武士も諸身分と同様、所有対象＝知行を維持しようと思えば役に従事せねばならなかった。そしてその内容とは番役にほかならなかった。諸集団はすべて将軍に統制された軍隊の構成要素なのであり、国土それ自体が一つの巨大な兵営、「兵営国家▲」だったとの見方がある。それに従えば、武士は軍事的な奉仕こそを、「兵営国家」の頂点に位置づくものとして務めていたことになる。武士のことを官僚になぞらえたり、公共事の体現者だとする向きもあるようだが、そうしたことに本質を求めるのにはやはり慎重であるべきだろう。

▼**（番役の）ローテーション**　十八世紀初めの規定によると、在国している大組は六組が月交代で城番や火本番などの番を担当。さらに各組は、藩主在国中は六番、留守中は一〇番に分かれて対応のこととある（毛利家文庫「法令」二一七）。

▼**兵営国家**　社会を構成する諸集団は武装を解除され、将軍統制下の軍隊の構成要素とされた。武士もその下で中世以来の自律を制限されたが、一方では自律性をもったものとしてふるまうことを要請されもした。［高木、一九九〇］参照。

役を支える奉公人

ところで武士を武士たらしめる表象としては、二本差をはじめとするほかの諸身分とは区別される身なりがあったが、供をつれるということも大切な要件だった。やや突飛だが、つぎの例をみよう。

時期はくだって一七二五(享保《きょうほう》十)年のこと、草刈弾之進《くさかりだんのしん》という者が、萩田町《たまち》の煮売屋《にうりや》で「うろたえ者」権太夫《ごんだゆう》とともに町横目《まちよこめ》▲に捕縛された。事情を糺すと、もともとは津和野《つわの》▲藩家臣草刈八郎右衛門《はちろうえもん》の弟で、萩にでて林平八《はやしへいはち》方などに若党《わかとう》奉公をしていた。その後暮しが立ちゆかなくなって津和野領や萩藩領を袖乞《そでご》いしてまわり、ときには手習《てならい》の師匠をしていたこともあった。そうしたおり権太夫と出会ったが、これを下人《げにん》のようにしてつれていれば「まこと牢人《ろうにん》づれ」とみえると思って一緒にいたという(山口県文書館毛利家文庫「罪科」一八〇―七)。外出する際には下人をつれる、これは武士である以上当然のことだった。転じて下人を従えていれば、しかもより多くであればあるほど、地位の高い武士の証になる、そういった心性が表現されていよう。

したがって役を務めるうえでも、地位に応じた奉公人を常時維持せねばなら

▼**町横目**　横目とは監察を担当する役職。

▼**津和野藩**　石見国《いわみのくに》西端、萩藩との国境部を領有した藩。藩主は亀井《かめい》氏。

▼**若党と中間**　十七世紀末に国元でだされた法令では、江戸番手の若党は「見掛けよく、物を書き、算用をも心得」ることを、中間は「男柄よく、第一達者にて道具などよく持ち、馬などよく取りなやみ、中間の仕役心得たる」ことを条件にしている（毛利家文庫「法令」一九）。外見が第一にあがっているることが注目される。

なかった。たとえば萩の市中を往来する際の供廻りの規定として、一六四三（寛永二十）年のものが知られている。次ページ表にあるように、若党・道具《どうぐ》持《もち》・小者《こもの》の三種の人数が知行高に応じて定められている。うち若党とは奉公人のなかでも最上位に位置する者で、苗字を名乗るのが普通だった。また道具持は上層家臣についてのみ認められている。その下の小者は中間と呼ばれることが多い。中下級の家臣においては、若党と中間▲という二種類から奉公人は構成されていたわけである。ただしこれは「萩中にて平生《へいぜい》召し連れる者」の人数を定めた上限規定であり、分限不相応に多人数を召しつれようとする傾向を諌めるためのものだった。しかも火事や非常の際は別だとされており、火消役などのためにはこれを越えてもよかった。

さらに江戸番手ともなると、江戸までの旅程をいわば軍事行進するわけだから、在国時をはるかに越す奉公人をともなったであろう。さきに紹介した一六五一（慶安四）年の規定のなかには、「下分」として一〇〇石当たり二人の扶持《ふち》を藩から給付すること、かつそれは「二歩当り」の保障だとする箇条もあった。四〇〇石以下なら別に「上分」一人扶持がついたから、「下分」とは引きつれる供の

●—萩市中での供廻り規定(1643年)

家臣の階層	若党	道具持	小者	計
5,560石より1万石以上	8人	1人	1人	10人
3,560石より5,550石まで	6	1	1	8
1,560石より3,550石まで	4	1	1	6
960石より1,550石まで	2		1	3
660石より950石まで	2		1	3
160石より650石まで	1		1	2
無給より150石まで	1		1	2

『山口県史　史料編近世2』3—159号より作成。

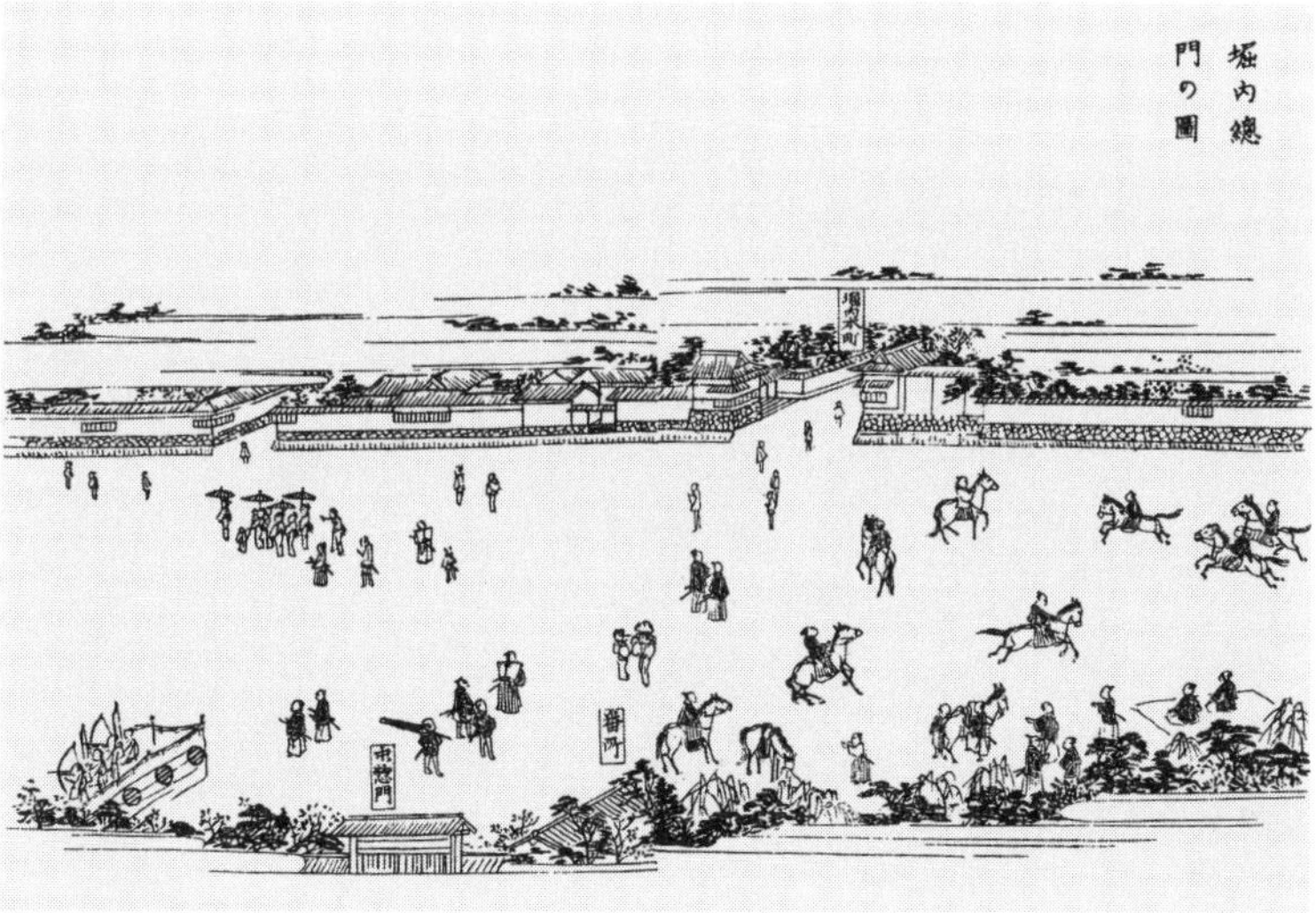

●—堀内総門の図(『八江《やえ》萩名所図画』)　外堀から堀内を俯瞰したもの。手前に中ノ惣門があり，大馬場を隔てて重臣の屋敷街がみえる。供を従えた武士も描かれている。

ことをさすのであろう。ここで「二歩当り」が意味する内容について、二人分の扶持のうち二割ということなのか、もしくは召しつれる人数全体の二割、つまり全体は一〇〇石当たり一〇人ということなのか、判断しかねるところである。ただし十八世紀半ばのある年の江戸詰め人について、足軽以下を除いた「諸士」三〇八人、「陪臣・家中奉公人」八七五人というデータが松本良太氏によって紹介されているから、前者の蓋然性が高いように思える。分限より多くを召しつれようとする傾向があるなかで、藩からの保障の上限を示すことで、その抑制をはかる意図もこめられていたのではなかろうか。家臣が実際どれだけの供を引きつれていたか判然としないが、ともあれ江戸番手には、通常萩で番役を務めたり、外出する際の供連れよりははるかに多くの供をともなったことはまちがいない。したがってその順番があたったとき、奉公人の調達がとりわけ問題化したはずである。

萩藩の家臣団は江戸番手をはじめとする番役、広い意味での軍事的奉仕を義務としていた。それこそが、毛利家中《かちゅう》に属し知行をあたえられることの証だった。そしてこの番役遂行のためには、地位にふさわしい一定数の供連れ＝奉公人を随伴することも不可欠だった。家臣の屋敷には、掃除、水汲みや煮炊きなどの家内労働に従事する奉公人は何人かいたであろう。また外出するときに着替えや荷物をもつ者もたしかに必要ではあった。しかしそうした具体的な用途のためというよりも、番役に従事する主人に供としてかしずくこと、それこそが主人の地位を成り立たせるうえでもっとも大切なことだった。身分社会に生きる武士の存立を文字どおり支える者として、武家奉公人はあったのである。

②——奉公人の調達

知行所からの調達

ではその奉公人《ほうこうにん》をどうやって確保していたのだろうか。もちろん直接には家《か》臣《しん》それぞれがかかえ入れるわけだが、その確保を藩《はん》としてバックアップしていたことが特徴である。奉公人の確保は単に家臣個人の問題ではなく、役負担の実現というすぐれて〝公的な〟性質のものでもあった。ここでは法令レベルにおいて確保策の推移から考えてみよう。

萩《はぎ》藩では一六四七(正保《しょうほ》四)年から時限措置ながら家臣の知行地《ちぎょうち》を二割分収公し、藩財政の補塡にあてたことがあった。それに際して家臣にあてた二種類の通達がある(『県史　近世2』三―一八一・一八二号)。一つは知行地を有する者、今一つは知行を浮米《うきまい》のみで給付される者へだった。それぞれ数カ条からなるが、なかに奉公人に関する規定がみえる。すなわち両者ともに「取中間《とりちゅうげん》」について、今までの者はそのまま召し仕ってよい、ただしその者の耕作地が無人になるのなら村に残しておくこと、とある。ここにいう「取中間」とは自身の知行地から調達する奉公人をいった(もっとも浮米取についても「取中間」の規定がみえる理由は判然としない。かつて下地《したじ》知行を有していながら浮米取に切り替わった者の存在を想定しているのであろうか)。

ところで浮米取宛のものではそれに加えて、「御軍役《ぐんやく》そのほか天下御普請《ごふしん》役《やく》」のとき、あるいは江戸番手《ばんて》のときにも、藩の蔵入地《くらいりち》から必要な人足《にんそく》を保証する、と定めている。こうした規定は知行地所持者宛にはなく、知行地をもつ以上、そこからの調達を想定していたことになろう。必要な奉公人はあたえられた知行地で確保する、これがこのころの藩の基本方針だったことが確認できる。

しかしこうした方法はそもそも無理をはらんでいたと思う。というのは知行地からの過度の調達はそこでの農業経営に、ひいては年貢《ねんぐ》徴収に桎梏《しっこく》となったはずだからである。しかも藩財政補塡のため、知行地召上げという形で家臣に負担が転嫁されていた。そうしたなかではとくに中下層の、しかし数としては多数を占める家臣が、奉公人を知行地から確保しきることには大きな制約があったといわねばならない。

萩での雇用

はたしてこの知行地の一部召上げ政策が実施されたあと、萩での奉公人雇用を想定した法令がだされるようになる。

萩藩では領内の人別《にんべつ》支配に関する規制を「人沙汰《ひとざた》」と総称している。そのなかには家臣の奉公人にかかわるものも含まれており、たとえば一六一四（慶長《けいちょう》十九）年「人沙汰の次第」では、「知行所替えとなったさい、いままで召し仕っていた取中間は、帳外であれば（検地帳《けんちちょう》に未登録の者であれば）召し連れてよい」とあった（『県史　近世2』三―七六号）。同内容は以後の「人沙汰」でも繰り返されており、やはり本来は知行所百姓からの調達が基本だったことがわかる。

ところが一六六〇（万治《まんじ》三）年九月の「人沙汰の法」は、以前のものとは趣きを異にしている（同前三―二八六号）。すなわち「一季《いっき》おり（居）▲のもの」についてふれ、どの主人からも許可されないのに勝手に苗字を名乗って若党《わかとう》奉公を「仕廻《しまわ》る」者がある、と問題視する箇条が含まれるようになる。武家奉公を転々とする「一季居」の存在を前提にしたものといえよう。同様に「年切《ねんぎり》の奉公人▲」に江戸など他国で暇をだしてはいけない、とする箇条も、奉公先をつぎつぎに仕替えてい

▼**一季おり（一季居）**　一年単位で雇用される奉公人。転じて、武家奉公を止めたあと、つぎの奉公先にありつこうとせず、都市に滞留するような者をさすこともあった。［高木、一九九〇］参照。

▼**年切の奉公人**　年季を限って雇用された奉公人。事実上は一年季の奉公をさすと思われる。

く者を念頭においているのであろう。あるいは下人《げにん》をおくときには必ず出所を糺し、請人《うけにん》▲をとること、給銀《きゅうぎん》が安いからといって先の主人から奉公構《ほうこうがまえ》▲になった者や請人の不確かな者をかかえてはいけない、とするのもある。総じて萩での奉公人雇用を規制する内容となっているのである。また前年、一六五九（万治二）年には二月七日付で「一季奉公人▲」の給銀規定もだされていた（益田家文書二八―二三）。

　ちょうどこのころは新藩主《はんしゅ》の初入国と参勤《さんきん》の時期に重なっている。一六五八（万治元）年九月に初入国、五九（同二）年三月に参勤、六〇（同三）年六月に帰国、六一（寛文《かんぶん》元）年三月に参勤と、五一（慶安四）年の襲封以降はじめての参勤交代が実施されるようになっていた。給銀規定も「人沙汰」もそれにあわせた発令だったことはまちがいない。藩主が在府を続け交代要員だけが送り込まれていたときより、番手の人数そのものがふえ、奉公人の必要数が増加していたはずである。ところが実際に調達の段になって課題視されたのは、出替《でがわ》り▲期に奉公先を転々とする「一季居」をいかに安定的に調達するかだった。江戸番手に召しつれる奉公人をおもな対象として、十七世紀半ばからは萩での一季奉公人からの

▼**請人**　雇用主に対し、奉公人の身元や人柄などを保証するとともに、問題を起こせば弁済することを約束する者。

▼**奉公構**　奉公先で問題を起こし、以後ほかの家も含めて奉公に就くことを禁止されること。

▼**一季奉公人**　一年契約で雇用される奉公人のこと。一季居に同じ。

▼**出替り**　一年契約の奉公人が期間を終え奉公先をかえること。その時期は毎年、同じときに定められていた。萩では武家奉公人は二月が出替り期だった。

雇用が主流になっていたらしいのである。

奉公人問屋の設置

しかもそれは、より積極的な規制をともなうものだった。一六六一(寛文元)年正月二十八日、参勤の途に向かう直前に、家臣に宛て奉公人に関する規制がだされている(『県史　近世2』三―二九七・二九九号)。その内容は、若党以下の「男女一季奉公人」についてあらたに「奉公人問屋《どいや》」をおく、ついては奉公人に暇をだしたら、支給してきた給銀の額をこの四人に報告すること、また新規に召しかかえる場合は、四人に本請状《うけじょう》▲の奥判《おくはん》▲をすえてもらうこと、というものだった。出替りの際、暇をだされた奉公人すべてを集約してそれまでの給銀を把握させ、新規にかかえる場合もそこをとおすことで給銀額をチェックさせた。それによる給銀の抑制をめざしたのである。

このとき任命されたのは、呉服町《ごふくちょう》二丁目・平安古町《ひやこちょう》二丁目・米屋町《こめやちょう》、および浜崎《はまざき》筋で近日中に田町《たまち》へ移るという、いずれも萩町方《まちかた》の者だった。こうした業務の代償に奉公人から三％の口銭《こうせん》をとることを認められていたから、本来は

▼**請状**　奉公契約に際して、奉公人当人や親・親類など、および請人らが雇用主に提出した身元保証書。問題を起こせば弁済することを規定することが多い。

▼**奥判**　請状の奥(左)に署判をすえ、請状の内容に相違ない旨、保証すること。

斡旋業者だったのだろう。もっとも「本請人」がほかにいることが前提だし、召しかかえ自体、彼らとは別のルートを介す場合も念頭におかれている。おそらく町方には多様な形で供給ルートや業者が成長してきていて、そのなかの有力な者を「問屋」に任命したものであろう。またその際、雇用される奉公人が取逃《とりに》げや欠落《かけお》ちをしたときどこまで補償するのか、奉公人が「御主人さま」をきらって奉公しようとしない場合はどうするのか、などのことも藩と打ちあわせているが、それらの点で「奉公人問屋」におわせた責任は限定的だった。あくまで給銀チェックを期待されていた。

こうして十七世紀半ばすぎ、江戸番手を務める家臣のために積極的な奉公人確保策が打ち出されることになった。それには、中核的な家臣の多くが奉公人を萩での雇用に依存するという状況があった。「一季居」「一季奉公人」と呼ばれる、多くは萩へ流入してきた単身者で毎年二月の出替りのたびに奉公先を転々とする者たち、しかも取逃げや欠落ちの心配のある者が供給源をなしていたのである。同時にそのことは、彼らを斡旋し、家臣に紹介する業者の成長と抱合せだった。知行地の一部召上げ政策がきっかけになった面はあろうが、より根

▼**取逃げ**　奉公人が、主人の金品などを奪って奉公中に逃亡すること。

▼**欠落ち**　奉公人が奉公期間中に逃亡すること。

本的には萩における供給構造の端緒的な成立を、以上の過程からは読み取ることができるだろう。

人屋をとおした統制策

年季奉公人への規制をふたたび記録のうえで確認できるのは一六八〇年代になってのことである。すなわち一六八七(貞享《じょうきょう》四)年に国元《くにもと》でだされた触《ふれ》は、「一季居の奉公人給分の儀、去々年御参勤の砌《みぎり》仰せ出され候ごとく」(毛利家文庫「少々控」四―二)と、八五(同二)年の国元でのものを引合いにしている。綱広《つなひろ》の跡を継いだ吉就《よしなり》▲が一六八四(貞享元)年に初入国し、八五年は参勤に向かう年だった。なお松本良太氏は、それまで一〇年間ほど凍結していた参勤交代の再開が、奉公人規制がふたたびだされた背景にあると指摘する。藩主の帰国・参勤によって番手の人数がふえたという事情は、やはりあったのだろう。

そして藩主の帰国・参勤の時期にあわせて江戸と国元とで交互に発令された内容は、家臣相互の協定によって給銀を抑制させるものだった。そのため「供の者がいかに見苦しくとも我慢すること、なかには異形《いぎょう》▲の供の者を召しつれ、

▼**(毛利)吉就**　一六八二(天和《てんな》二)年襲封、九四(元禄七)年死去。

▼**異形**　十七世紀末の国元での奉公人規制のなかで、作り髭《ひげ》・墨髭・大元結《おおもとゆ》い・毛巾着《けぎんちゃく》など「異形の躰・異形の衣類」の奉公人は即座に処罰するとしたものがある(毛利家文庫「法令」一九)。

立派に見せようとする者がいるが、そうしたことのないようにせよ」(毛利家文庫「法令」一九。一六九五〈元禄《げんろく》八〉年正月の触)と、外見をかざることで行列を立派にみせようとする願望を自制しあうことも要請された。

しかし規定額以上を給付してまで多くの供廻《ともまわ》りを確保しようとする抜駆け的行為や、あるいは供の外見も立派にして同輩をだしぬこうとする家臣の心性は、簡単に抑止できるものではなかったろう。近世の武士は一方では中世以来の自律性を否定され、公儀《こうぎ》の軍団の構成要素として組み込まれながら、他方ではまさに武士であるがゆえに、いったん事があれば自律性をもった者として振る舞うことを要請されたといわれている。近世の武士が本質的に抱え込んでいたこうしたジレンマの揚棄《ようき》は容易ではなかったろうからである。

そうした状況が予測されるなか、藩はつぎのような対策を講じるようになる。一六九七(元禄十)年正月、参勤を前にして家臣宛の奉公人規制をだすが、そこには例年のものに加えて、(a)「人屋《ひとや》付け」の奉公人はもちろん、(b)御弓・御鉄砲・御中間通《ちゅうげんどおり》の子弟、(c)又家来《またげらい》の子弟、(d)「遁《のが》れざる者」つまり親類についても同様の沙汰である、とする箇条が加わっていた(「法令」一九)。このうち(b)から(d)は、いずれも家臣の人別に連なるものとなる。したがってそれ以外の(a)が町方や在郷から雇用した一般の奉公人ということになろう。それが「人屋付け」と呼ばれるのである。これはなにを意味するのか。

　このことにかかわっては、元禄九(一六九六)年二月十二日付とされるつぎの史料がある(毛利家文庫「諸省」五一)。(1)萩町で一季居の中間・草履取《ぞうりとり》について「人屋を仰せ付けられた」から、家来は「人屋」を必ず請人とせよ、(2)そうしない家来には、奉公人が前払いの給銀を踏み倒したり、取逃げしても藩としては補償しない、(3)なお藩の御足軽《あしがる》・御中間▲の子弟であれば、「人屋請《うけ》」としなくてよい、というものだった。欠落ちや取逃げという奉公人の行動を取り締まるため、「人屋」に身元保証をまかせたことになる。ただしこの触を収載する法令集は「元禄九か」と貼紙で年次を推定するが、干支《かんし》や役人名など判断の根拠となる情報をまったく含んでいない。そもそもこのとき藩主は在府中で帰国の途に着くのが四月末だから、国元でこうした触がだされることには疑問が残る。不確かなものではあるが、それでも「人屋請」ということが、家臣の縁者以外の、一般の奉公人すべての身元を「人屋」に保障させるものだったことはうかがえる。一

▼御足軽・御中間　萩藩の直属奉公人の中心。弓足軽七組一五〇人弱、鉄砲足軽は二五組五〇〇人強で固定している。一方、中間にはいくつもの種別があり、組織は十七世紀後半に固定するものの、人数は増加し続け千数百人を数えるほどとなった。さらにその下に六尺《ろくしゃく》があった。藩にかかえられた「御家人《ごけにん》」であり、「下人」である家臣の奉公人とは格が違うという自意識をもっていた。［森下、二〇〇四］参照。

●──一季奉公人の給銀規定

発令	対象	上限額	典拠
1659(万治２)年２月７日 於国元	若党江戸一途 中間江戸一途	150目 120目	益田家文書28―23
1686(貞享３)年正月18日 於江戸	上の若党 上の中間	150目 140目	毛利家文庫「少々控」４―１
1690(元禄３)年２月 於江戸	上の若党 上の中間	150目 140目	同上
1695(元禄８)年正月晦日 於国元	上の若党 上の中間	150目 140目	毛利家文庫「法令」19
1697(元禄10)年正月28日 於国元	上の若党 上の中間	150目 140目	同上

六九七年の触にいう「人屋付け」もこれと同じものであろう。

もっともこの触は「人屋請」による弊害を問題視するものでもあった。すなわち例年だされていた給銀額遵守の家臣宛の触を「人屋」へも通達するよう町奉《まちぶ》行《ぎょう》に指示し、奉公人を「囲い置き」、「人に手を突かせ」る（家臣に頭をさげさせる、ほどの意味であろう）ような者があれば厳しく処罰する旨、「人屋ども」へ厳重に申し渡しておくこと、とあった。身元保証を一元的にまかされたことで、「人屋」が独占価格を形成するにいたったのであろう。しかし「人屋請」そのものを廃止するとはいっていないわけで、あくまでその制度を前提にしていたことには注意を払っておこう。

こうして直接には給銀の抑制ではなく、奉公人の身元保証を行わせるため「人屋請」が始まっていた。この点は給銀抑制機能を主として期待されていた「奉公人問屋」との違いである。それだけ身元不確かで問題行動を引き起こす者が増加していたのだろう。その際供給を萩町の「人屋」に一元化させて排除しようとしたのだから、萩町方の業者以外を介したルートが形成されていた、そうした状況の進展を想定できないだろうか。

十七世紀末には藩から奉公人の身元保証をまかされるような斡旋業者のほかに、あらたな供給ルートが形成されているらしかった。そのことが給銀抑制策に加えて身元保証そのものへの対策をとらせる背景にはあった。萩町の内外で複層化した形での業者の成長がみられたようなのである。

「人屋請」の撤回

その後、法令が中絶していて経緯を追うことができない。ふたたびみいだせる奉公人規制は、一七一七(享保《きょうほう》二)年に「一季居の奉公人の確保が困難で家臣が迷惑しているので、御客屋で人屋などを定め、仕法を決めた」とするものである(毛利家文庫「諸省」五一)。御客屋の手を介した「人屋請」がふたたび試みられていたわけである。ところが翌年にはただちに廃止されてしまう。その理由は、「奉公人物足らず、その上内証をもって召し抱え候族《やから》もこれ有るようあい聞こえ、なおまた人屋仕出しの奉公人不如意あい成るよし」ということだった(同前)。奉公人の雇用が困難化しているなかで、こっそり「人屋」以外から調達する家臣があり、一層「人屋請」による者は減っている、というのである。萩町の業者を定め、特権的に扱わせようとしても、それ以外の供給ルートを押さえきることができず、結局ザル法になってしまったということだろう。

　十八世紀初め、給銀問題に加えて奉公人の質が問題化していた。ために再開した「人屋請」だったが、それはただちに破綻してしまった。藩が特権を付与し依拠しようとする町方の業者以外に、やはり供給ルートが広汎に存在したからだといえよう。そもそものことが身元不確かな奉公人が供給される原因だったはずだが、すでに抑止は困難となっていた。

　「人屋請」の廃止を告げたあと、藩は萩での調達に見切りをつけ、あらたに農村からの徴発を試みようとした。一七一八(享保三)年の暮にだした触で、翌年の出替り期から江戸番手の中間を保障するため二〇〇〇石に一人の割合で全領から「出人《だしにん》」を徴発することにした(同前)。試算すると総人数三二〇人ほどとなる。その後は一三〇〇石に一人、計五〇〇人近くが毎年徴発されることになった。各宰判《さいばん》▲の「郡問屋《ぐんどいや》▲」にいったん集結させ、家中からの要請に従って配属先を決めた。なお「郡問屋」が請人となり、期間も出替り期の二月からとして形式的には一季奉公人とさせた。ただし給銀▲は使役する家臣が負担しているが、それ

▼**宰判**　萩城下を除いて領内は宰判という支配単位に区分されていた。一郡ないし半郡程度を範囲とする場合が多い。若干の変動があるが、ほぼ一八宰判が近世中・後期の数だった。各宰判には大組《おおぐみ》から任命された代官《だいかん》がおかれた(四ページ図参照)。

▼**郡問屋**　宰判ごとに萩の町人を郡問屋に任命していた。萩からの触の伝達や年貢以外の上納物を取り扱ったりした。

▼**(出人の)給銀**　当初江戸恩銀《おんぎん》(給銀)は銀八〇目と規定されていた。

▼**渡り奉公人**　出替り期に奉公先を渡り歩く奉公人。

は萩での市場価格より断然に安い額だった。

こうして農村から徴発できるのであれば、そもそも萩での確保に苦心する必要はまったくなかったはずである。これで番手奉公人の確保は安定したのだろうか。むろんそうではなかった。割当てを受けた宰判が、萩で「渡り奉公人▲」を雇用してかわりにさしだしたからである。そうなれば公定の給銀で応じる者はいないから、差額を宰判が負担することになる。結局、萩での相対《あいたい》での雇用との競合を生み出し、奉公人給を一層引き上げる結果をもたらすことになった。

萩での雇用を規制することも無理、かといってかわりに打ち出した農村からの徴発策も弊害が露呈し打つ手をなくした藩は、つぎの対応を家臣に伝える。一七四〇(元文《げんぶん》五)年、萩での雇用は相変わらず困難だとしたうえで、今回の番手の家臣に対しては江戸屋敷で藩が「中人」をかかえておき、江戸で奉公人が必要ならそれを「賃日用」にして貸しだすとした(同前)。どうあがいても国元での雇用は困難だから江戸でかかえてしまえ、というわけである。江戸で必要な分を国元からつれてくるのではなく、江戸の人宿からの供給に依存するようになった。

●—江戸藩邸から欠落ちした家中奉公人

期　　　間	御国者	江戸者	計
1757(宝暦５)年４月〜59(宝暦９)年３月	4人	0人	4人
71(明和８)年４月〜72(安永元)年８月	11	6	17
73(安永２)年４月〜74(〃 3)年12月	7	1	8
77(〃 6)年４月〜79(〃 8)年１月	5	7	12
79(〃 8)年４月〜80(〃 9)年１月	5	5	10
80(〃 9)年11月〜82(天明２)年８月	4	7	11
82(天明２)年９月〜84(〃 4)年10月	5	2	7
89(寛政元)年４月〜12月	3	0	3
91(〃 3)年４月〜92(寛政４)年３月	1	3	4
92(〃 4)年３月〜93(〃 5)年３月	10	7	17
93(〃 5)年４月〜94(〃 6)年３月	4	6	10
94(〃 6)年４月〜95(〃 7)年３月	4	13	17
95(〃 7)年４月〜96(〃 8)年４月	8	4	12
97(〃 9)年２月〜98(〃 10)年４月	9	13	22
99(〃 11)年５月〜1800(〃 12)年４月	8	4	12
1801(享和元)年３月〜02(享和２)年３月	4	1	5
11(文化８)年閏２月〜12(文化９)年４月	14	8	22
13(〃 10)年４月〜14(〃 11)年４月	7	4	11
15(〃 12)年９月〜16(〃 13)年５月	8	1	9
16(〃 13)年５月〜12月	4	0	4
19(文政２)年４月〜20(文政３)年３月	21	11	32
21(〃 4)年４月〜22(〃 5)年３月	11	12	23
22(〃 5)年４月〜23(〃 6)年３月	7	7	14
23(〃 6)年４月〜24(〃 7)年４月	10	30	40
24(〃 7)年５月〜25(〃 8)年２月	2	1	3
27(〃 10)年４月〜28(〃 11)年４月	2	2	4
28(〃 11)年４月〜29(〃 12)年１月	3	0	3
31(天保２)年12月〜32(天保３)年４月	2	2	4

毛利家文庫「少々控」，該当年次のものより作成。

▼「出人」制　十八世紀末に一度廃止されたことがあるが、その後再開している。

▼直属奉公人の代役　藩の足軽・中間などは家臣と同様、江戸番手の義務があった。ただしとくに中間については、役所勤務の利権化・地位の株化などによって、当人ではなく代役を萩で雇用してさしだすことが一般化していった。［森下、二〇〇五］参照。

もっとも「出人」制▲はその後も継続しており、必ずしもすべて江戸で調達したわけではない。たとえばこの時期以降、江戸藩邸から欠落ちした奉公人のリストを一覧してみよう（前ページ参照）。表示のほかに直属奉公人の代役▲が莫大な数いるのだが、それは除き、家臣がかかえる奉公人だけを示してある。もちろんこれが欠落ちのすべてではないはずで、あくまで傾向をとらえることしかできない。たしかに江戸者がかなり含まれているが、十八世紀半ば以降、割合としてはあまり変化していない。国元からの調達はその後も同じように続いていたことになる。

こうして国元での確保は、「出人」という農村に負担を押しつける形のものに結局は落ち着くことになった。実態は萩での雇用にほかならなかったが、そのことには目をつぶったのである。いいかえたら、萩での供給構造そのものに介入する姿勢を藩は放棄してしまったことにもなるだろう。

奉公人確保策の推移

以上、藩の法令をとおして江戸番手の奉公人調達の仕方を概観してきた。その内容を改めて振り返ってみよう。

まず、知行地からの調達によっていた一般の家臣の奉公人確保が、十七世紀半ばには萩での年季奉公人の雇用に切りかわっていたことが確認できた。その直接の契機は知行地の一部召上げ政策だったわけで、それには関ヶ原合戦《せきがはらかっせん》に敗れ、〝土地台帳の長さ〟より過重な家臣団を抱え込まざるをえなかった萩藩固有の事情、藩財政の当初からの逼迫が関係していた。とはいえ、そうした問題を有していたからこそ、奉公人確保を都市に依存せざるをえないという、どこの藩でも結局は共通する事情が、萩藩ではよりわかりやすく顕在化したともいえるであろう。

また、そのことは仲立ちする業者の成長と抱合せのものだった。しかも奉公人給の高騰の要因にも、その存在がかかわっていたように思える。奉公人給の抑制は早くからの課題だったが、あとでもみるように、このころ江戸番手の奉公人として雇用された者は、その地位を失うとたちまちに零落してしまう体の者であり、彼らが売り手になって市場価格を吊り上げたとは、とうてい考えがたい。むしろ供給構造の問題、つまり斡旋業者が介在したことに給銀高騰の主因を求めるべきではないだろうか。

ところが十七世紀末から十八世紀初めの時期には、萩町方の斡旋業者以外の供給ルートが成長していたようである。ために町方の業者に依存しようとした藩の奉公人統制策は破綻をきたしてしまい、農村からの徴発という新しい方向への転轍《てんてつ》を余儀なくされていた。そうして藩は、萩での奉公人雇用に直接介入する姿勢を放棄してしまうのである。

実はこの時期、ほかの業者でも同様な事態が見受けられた。たとえば萩における宿駅《しゅくえき》の継送《つぎおく》りを担う目代《もくだい》▲があった。そのもとでの送り人足は、もともとは町人の門役《かどやく》▲によって担われていたが、十七世紀半ばからは業者による請負に変わっており、この時期には吉田町にいた吉田氏が定額で担当していた。ところがそれでは割にあわなくなったとして送り役の請負を返上。ために藩が町方の日用小商人《こあきんど》を徴発する体制をつくることになった。これが一七一三(正徳《しょうとく》三)年のことだった(毛利家文庫「法令」一六〇―一)。また御木屋《おこや》が必要とする人足はやはり十七世紀半ばから日用を雇用してあてていた。ところが他国者が入り込むことが多かったり、雨風などの際に人数を調達できないとして、それを廃止。

▼**目代**　領内の宿駅には目代所がおかれ、人馬の継送りを管掌した。

▼**門役**　町人一軒ごとに負担をすること。町人身分としての役だったと思われる。

▼日用頭　日用を供給する業者。

あらたに六〇人の定夫《じょうふ》を恒常的に召しかかえる体制に切りかえたのは一七一一（正徳元）年のことだった（毛利家文庫「旧記」三―九六）。日用を雇っていたというのは日用頭《がしら》▲を介してだろうから、ここでも業者の経営難が背景にあったのだろう。

　このように十八世紀初めには、藩と結んだ町方の労働力斡旋・供給業者の経営が困難になり、ために徴発や人員の恒常的な召抱えという、市場経済の進展に一見すると逆行するかのような事態が進んでいたようにみえる。家臣の奉公人確保において、「出人」制という徴発体制に切りかわるのもその一連の動きのなかでだった。

　一体この時期、萩の奉公人供給構造にはなにが起こっていたのだろうか。そのあり方に目を移す必要があるだろう。

▼**浜崎代官**　浜崎宰判の代官。萩市中の浜崎、および周辺の港町や島嶼を管轄していた。

③――萩城下の成り立ち

城下の概観

　ここで奉公人《ほうこうにん》の問題からはいったん離れるが、当時の萩城下《はぎじょうか》の状況を概観しておこうと思う。

　次ページに十七世紀後半の城下町絵図を掲げた。みられるように城下町は橋《はし》本《もと》川・松本《まつもと》川の二つの川に挟まれたデルタ地帯＝川内《かわうち》につくられており、町並みがない図の中央部は低湿地のまま残されるほどだった。そして城下は城の周辺で上級家臣《かしん》の屋敷地がおかれた堀内《ほりうち》、その東の堀を隔てた一角、さらに南半部と大きく三つの地区に区分されている。このうち東の一角、浜崎《はまざき》・古萩《ふるはぎ》などと呼ばれるところに町人地《ちょうにんち》は集中している。うち北方の浜崎は港を有する萩の玄関口ともいうべき場所で、浜崎代官《だいかん》▲の管轄下だった。それ以外の古萩一帯の町や、やや離れた平安古《ひやこ》、橋本・椿町《つばきちょう》などは御客屋《おきゃくや》に管轄されていた。中期以降は本町《ほんちょう》二十八町と総称されるものが御客屋管轄域となっている。それらの周辺を家臣の屋敷がびっしりと覆っている。さらに南端には、河添《こうぞえ》と川島《かわしま》と

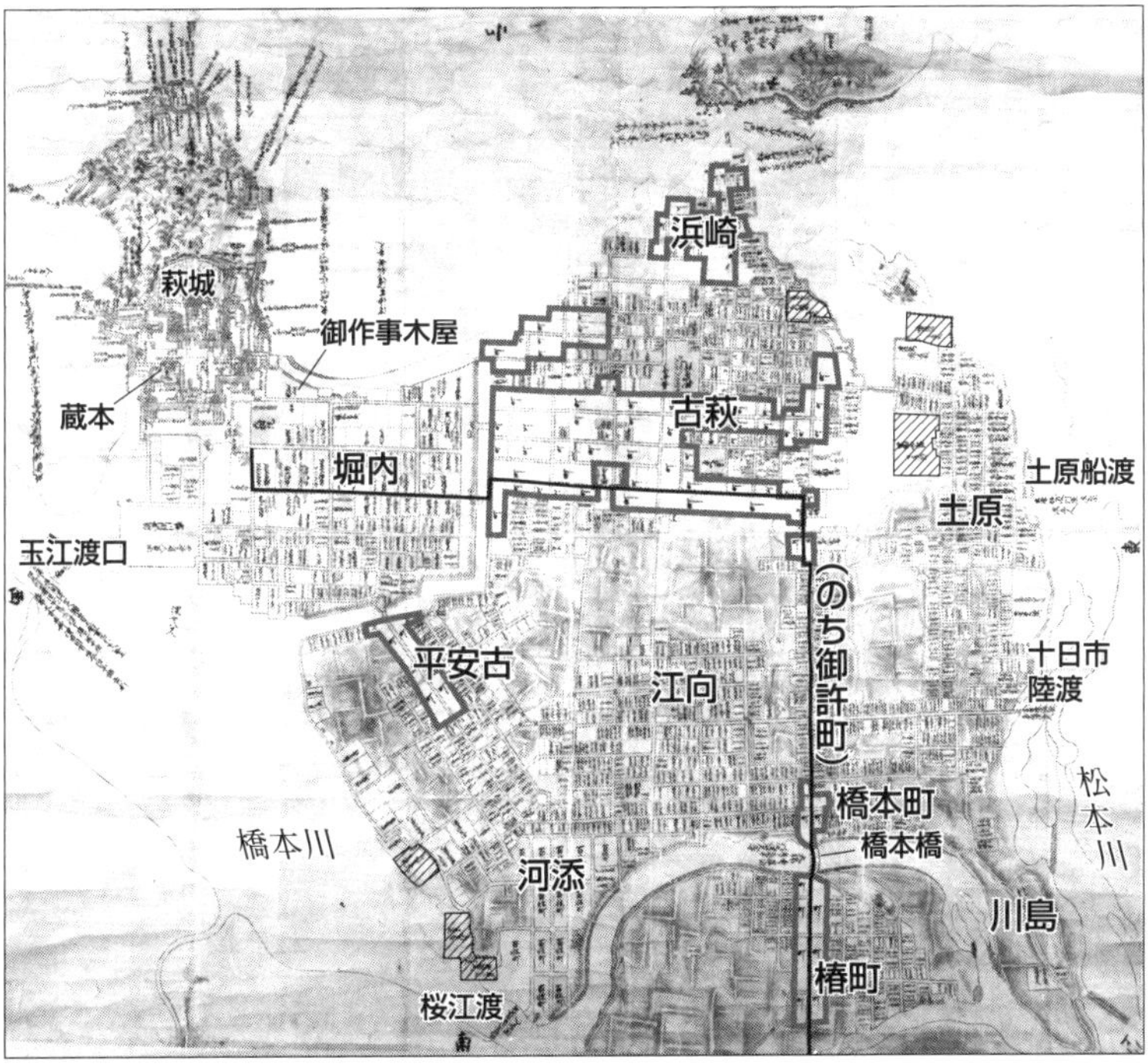

●──17世紀後半の城下町絵図　蔵元(本)移転前であり，1670年ごろのものと推測される。椿町から北上し萩城にいたる「御成道」を実線で描き込んだ。また町人地は太枠で囲み，武家屋敷のうち下屋敷には斜線をかけた。

いう当島《とうしま》代官▲支配地（年貢地《ねんぐち》）もあった。なおこれらデルタ地帯の外、城下の周辺は川外《かわそと》と呼ばれている。

では、ここに一体どの程度の人口が居住していたのか。まず武家地《ぶけち》については十七世紀末の幕府《ばくふ》国目付《くにめつけ》への報告が参考になる（石川敦彦『萩藩戸籍制度と戸口統計』）。そこでは諸士《しょし》九八八三人（うち男五四三三人）、足軽《あしがる》・中間《ちゅうげん》七三九四人（うち男四〇一八人）、又家来《またげらい》三万七〇一八人（うち男一万九六七一人）と報告されている。うち江戸番手《ばんて》に単身で赴く者を削り、さらに近郊の町場や在郷に居住している者がかなりあるから、それらを差し引いたものが萩在住人口だったことになる。正確な数をはじきだすことは困難だが、それでも報告の半数以上は萩にいたのではなかろうか。ざっといえば萩在住の武士とその家族・奉公人は三〜四万人といったところだろうか。また武家屋敷数については、判明する事例を上表にまとめておいた。それぞれ性格の違う史料ではあるが、このかぎりではほぼ横ばいで推移しているといえよう。

つぎに町方《まちかた》の人口は十七世紀末で、おそらく本町と浜崎町の合計だと思われるが一万三〇〇〇人余である。さきの武士人口および当島代官支配地と合計す

▼**当島代官**　萩廻りの当島宰判を管轄する者。

●──武家屋敷数の推移

年	家数	
1694年（国目付への報告）	侍屋敷	1,324軒
1707年（新藩主への報告）	諸士屋敷	1,073カ所
	小奉公人屋敷	134カ所
18世紀半ば（屋敷奉行の書上）	諸士屋敷	936カ所
	足軽以下屋敷	269カ所

『萩市史　第1巻』，山口県文書館福間家文書より作成。

●—萩市中家数の推移

年	家　数	
1694年(国目付への報告)	本町町屋敷	3,199軒
	浜崎町屋敷	492軒
1707年(新藩主への報告)	市中屋敷	1,694軒
	竈数	3,544竈
1751年(「大絵図」の付録)	本町本軒	664竈
	店借	2,996竈
	内貸屋	216竈

『萩市史　第1巻』より作成。

▼**御成道**　城下のいわばメインルート。橋本橋から北へぬけ、古萩で左折。呉服町《ごふくちょう》筋をとおって堀内へぬけ、城内へ続いた。前掲の十七世紀後半の絵図には朱線で書き込まれている(三九ページ参照)。

ると、四、五万人程度が萩城下の居住人口だったと思われる。また上表において、一六九四(元禄《げんろく》七)年の数値も世帯数と判断してその推移をみると、本町だけで約三二〇〇→三五〇〇強→三九〇〇弱と大幅に増加をみている。なお一六九七(同十)年に唐樋《からひ》筋(橋本橋から北へ向かう御成道《おなりみち》▲沿い)の武家屋敷四町余、四四軒を町人に売却してあらたに町を取り立て、これがのちに御許町《おもとちょう》となっている(『萩市史　第一巻』)。武家屋敷が町人地に転換された例は十七世紀末にはほかにもあるようで、したがってこの増加には本町自体の拡大という要素を含んで考えねばならない。しかしそれも十八世紀初頭には固定するから、それ以降の増加は内部での稠密化がもたらしたものといえる。

こうして武家屋敷の家数は変わらないのに、十七世紀末から十八世紀半ばにかけての時期に町方の竈数が大幅にふえており、とくに十八世紀にはいってからは稠密化が進んでいたようである。定量的なデータからはこのような観察が可能である。つぎにもう少し詳しく内部のようすをみてみることにしよう。

町方の店借

まず町方についてである。みたような家数の推移をもたらしたものは、店《たな》借《がり》▲の増加であろう。そのあり方について十八世紀初頭の例を紹介してみたい。

さきにも述べたが、一七一三(正徳《しょうとく》三)年に目代所人足《もくだいしょにんそく》調達のため日用小商《こあき》人《んど》▲に提札《ていさつ》▲を交付することとなった。このとき当職《とうしょく》▲から町奉行《まちぶぎょう》、および浜崎管轄の浜崎代官、河添・川島管轄の当島代官へだされた指示はつぎのようだった(毛利家文庫「法令」一六〇―一)。すなわち在郷通いをしない「日傭《ひよう》小商人」が、萩町に五一一人、浜崎に八一人、長福《ちょうふく》(河添)・川島に六四人いるので、これらに藩や家臣のもとで務める「日傭役」▲、萩から所々への人足を務める「人足役」を負担させることにした、というのである。そして後者のためには吉田町の目代所に名付帳《なづけちょう》を備えておいて、前日に当人に触れ知らせることにしている。

町方からの徴発を志向したとき想定された対象は、家持町人ではなく川内にいる「日傭小商人」なる者だった。すでにそれが一定数定在していたことによるものであろう。なおここで在郷通いをしない者と限定を付すのは、日傭役・人足役を随時務めさせるうえで、萩に常在している必要があったからだった。そ

▼**店借**　借家人のこと。

▼**日用小商人**　一七一五(正徳五)年の町奉行の日記には、「椿町日用小商人吉兵衛」といった記載がみえる(『御客屋日記』)。ほかに「塩屋町《しおやちょう》小商人五右衛門《ごえもん》」「御許町日用沢右衛門《さわえもん》」の例もみえるから、日用稼ぎと小商いをかねて行う者とみなせる。

▼**提札**　「さげふだ」と読むのかも知れない。腰にぶらさげる木札のことであろう。

▼**当職**　国元で執務する最高職。

▼**日傭役**　この具体的な内容は不明。

れが可能だったのは、あとでふれるように、治安上の観点から在郷通いの商人には提札を交付済みだからであり、そのとき申請しなかった者は、在郷通いできないことになっていた。

ところでこの指示を受けた町奉行は交付対象について質問をしている。まず日用小商人の倅で、親と同じ営みをしている者について問うた。それに対して当職は、「振売《ふりうり》▲小商人」の提札を交付せよ、つまり「日傭小商人」の提札は交付しなくてよいと答えている。「日傭小商人」の提札が世帯を単位にしたものであり、日用小商人としておもに想定されていたのは、借屋に住み家族を有する店借だったことがわかる。

さらに町奉行の質問はつぎの点にもおよんでいた。⑴日用小商人以外の、晒布《さらし》・木綿《もめん》・小間物《こまもの》などを取り扱う振売、⑵町人が自分の下人《げにん》に仕事が暇なときに野菜や肴、盆・正月の飾り道具を売らせる場合、⑶日用をしないで見世売《みせうり》をし、ときどき振売をしている者、これらはどうするのかというのである。うち⑴・⑵には「振売小商人」の提札を交付せよ、としている（⑶への回答は史料の該当箇所が判読できず）。このやりとりをみると、町奉行が当初報告した日用小

▼**振売**　元来、都市での売の形態は見世売と振売とからなっていたと考えられている。見世売は表店を構えて商品を入荷し、振売に卸売をする。振売は見世売から卸買をして、それを非常設店舗や行《ぎょう》商《しょう》などで売り捌いた。［吉田、一九九九］参照。

商人とは、日用＝振売のことであり、それとは別に日用をしない振売や、下人や見世売が行う振売などがあって、その弁別に迷っていたことがうかがえる。さらに当職の指示からは別に日用頭管下の日用もいたことがわかる。

こうして町奉行が判断に迷うのも、前提には日用稼ぎと振売それぞれが互換的なものであって、排他的な業態ではなかったことがあった。一人の者があるときには日用稼ぎに従事し、少し貯えができたらそれを元手に商いに従事する。うまくいかなければ別の商売に手をだしたり日用に戻ったりする。こうした流動的なあり方こそが零細な店借にとって普通の姿だったのであろう。同じ職業に従事し続けることができない、それだけ不安定な地位におかれていたことになる。

ともあれこうした不安定な店借については、日用小商人が本町だけで五一一人＝五一一竈あった。このほかに在郷通いをする日用小商人がいたし、また振売や日用もいたから、その数はさらに多くなろう。町方には零細な店借が層をなして存在するようになっていた。

▼**分間絵図**　幕末にももう一度「分間絵図」が作成されており、安永のものとほぼ同様な町ごとの絵図が何点か残されている。萩博物館蔵。

町の構造

もっともそうしたことは、城下の都市構造全体のなかではどのように位置づくのだろうか。

ここで、ややのちの時期のものとなるが、城下南端、橋本橋の北に位置する橋本町に残された一七七三(安永《あんえい》二)年の「分間《ぶんけん》絵図」▲を参照したい(山口県文書館一般郷土資料一一二三)。これを簡略化して次ページ図に示してみた。この町は御成道の左右に広がっていた。また東へ向けた路地があって、それにそって横町も展開している。

まず個々の町屋敷は「某居宅」と「某抱《かかえ》」とに区分されている。および年貢地(代官支配地)を「預る」場合もあって、それは「某預り」とされる。それぞれを図には記号で書き分けてある。町屋敷の数は「預り」分も含めて六二である。ほぼ一つずつに所持者が記されるが、なかに複数に分割されるものもある。所持者に即して数えると、「某居宅」一二、「某抱」五九、「某預り」四、計七五となる。うち「某居宅」は所持者が現住するもの、「某抱」は借屋と判断できるから、町屋敷の物権化が相当進んでいることがまずわかる。ただし店借といっても、表通

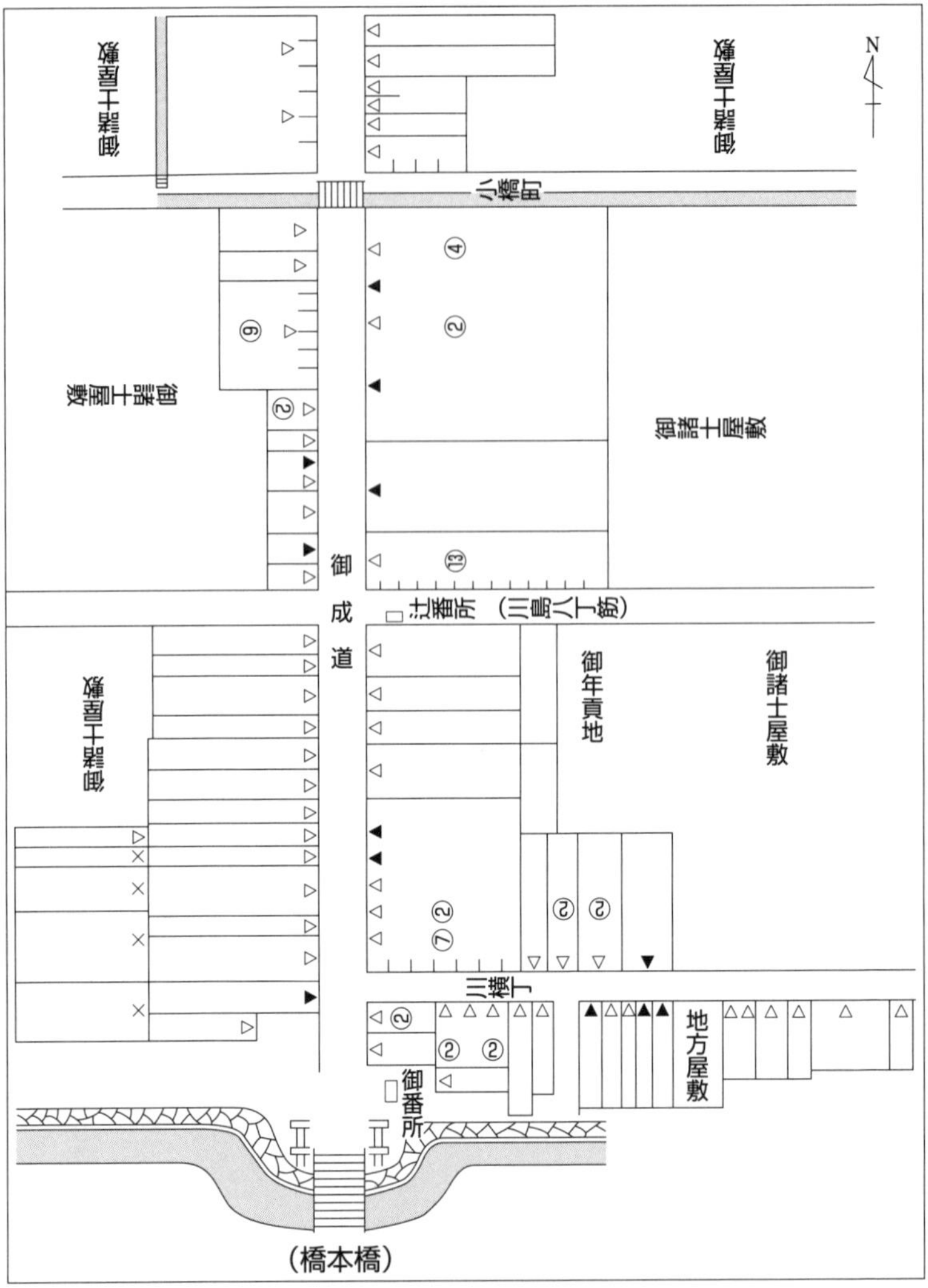

●──**橋本町分間絵図**（山口県文書館一般郷土資料123より作成）　▲は〜居宅，△は〜抱，×は〜預りを示す。また丸数字は注記された竈数。

りに面したいわゆる表店《おもて》借がかなりな量を占めていた。

では、この絵図で零細な店借、日用や小商人たちの居所はどこに求められるだろうか。そこで子細にみると、表通り(御成道)からはいった横町にある、一つの町屋敷がいくつもの竈に分割されているのが目につくだろう。たとえば川《かわ》横《よこ》丁北側で七竈に分割されたものは久芳清兵衛《くぼうせいべえ》抱、表三間・入一六間一尺だった。同様に川島八丁《はっちょうすじ》筋北の一三竈は久芳源太郎《げんたろう》抱、表六間・入二五間半である。ただし表通りにも細かく分割され、又貸しされたらしい町屋敷もあるが、こちらには主として商売を営む者が借家したのではなかろうか。それに対して横町にある一つの屋敷がさらに細かく分割され、奥行きも狭い借屋には、零細な者が居住していたと理解できるだろう。

なお、この図において「何竈」と書かれない「某居宅」「某抱」「某預り」を一と数え、それに「何竈」の竈数をたしてみると、一〇九となる。これは一七五一(宝《ほう》暦《れき》元)年における橋本町の本軒一七竈、店借一〇一竈、計一一八竈にほぼ相当する数値である。「何竈」が世帯数を意味することはまちがいないとして、その記載のない町屋敷も、それぞれが一世帯、つまりほかに借屋人をおいていないと判断可能である。だとすれば、たとえば江戸などで個々の町屋敷の表が表店《おもてだな》、裏が裏店《うらだな》と区分されていたのとは、かなりちがう用役のあり方だったことになる。萩にあっては個々の町屋敷ではなくて町単位で、横町がいわば裏店として用役されていたとみなせるのである。

このようにみてくると、萩にもたしかに日用や小商人が住む零細な裏店は増加しており、家数増加の一要因ともなっていたが、しかし巨大城下町などと比べると展開度は低かったというべきであろう。むしろ横町を発達させていたことが特徴的だった。

武家屋敷の空洞化

また萩城下を特質づけるものに、武家屋敷の動向がある。武家屋敷の数自体は頭打ちで変化がないようにみえるが、その内実においてはかなり流動化が進んでいた。江戸などでは考えがたいことだが、萩藩は近世の早い時期から武家屋敷の売買を公認しており、そのため家臣の窮乏につれて武家屋敷の物権化が進んでいたのである。家数の推移だけではみえてこない、質的な変容である。

武家屋敷それぞれの所持者の名前を書き込んだ城下絵図は十七世紀後半から残されていて、推移を比較することができる。そこで同じ場所にある屋敷の所持者の名前を比較してみると、明らかに苗字の変わっているもの、つまり交換ないし売却されたものが非常に多い。とくに十八世紀にはいってからは盛んに売買が行われていた。

さらに十八世紀後半になると絵図の描き方そのものがより詳細になる。たとえば一七八〇年代の絵図から、城下東端、土原《ひじわら》の一部を切りとったものを観察してみよう（次ページ上図参照）。上端にみえるのが松本橋付属の番所《ばんしょ》である。個々の屋敷についてなんども書きかえられているようすがわかる。移動を記録する台帳として利用されたのだろう。所持者についてみると、たとえば松本番所の道を挟んだ左は河野伊右衛門《こうのいえもん》抱だし、その下は金山与三左衛門《かなやまよさざえもん》抱と書かれている。このように某抱とされるものは、所持者が現住せず別の者に貸しだしている屋敷であり、それが非常に目につく。ただし上級家臣の下屋敷を除いては一人が複数所持することはなかったと考えられるから、町人地のような形での個人への集積はないはずである。しかしそれでも所持者と現住者の乖離、そ

●—天明絵図(土原の一部。毛利家文庫「絵図」四一二)　土原のうち、松本橋から南、井原氏下屋敷にかけての一角。

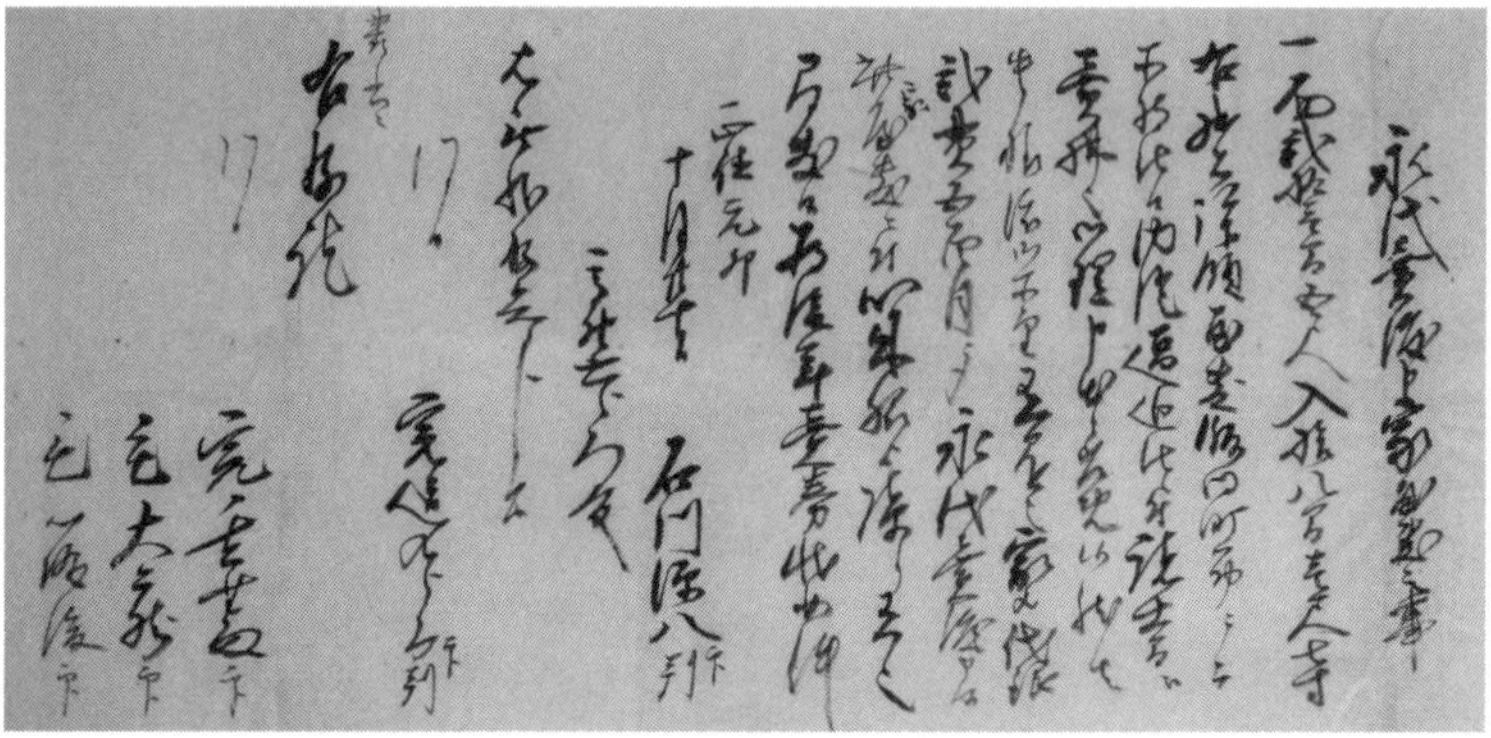

●—武家屋敷の売券状(写。山口県文書館寄組村上家文書58)　1771(正徳元)年，石川源八が面21間５尺の拝領屋敷を代銀２貫500目で売却したもの。屋敷奉行が奥判し，それに当職らが裏判をすえている。

のかぎりでは屋敷の空洞化がかなり進展していたといえよう。

必然的にそれは屋敷の貸屋化をともなった。個々の屋敷には所持者の名前とあわせて借屋人の名前が逐一記載されている。もっとも掲載した範囲では、借屋するのは家臣か藩の足軽・中間ばかりであって、唯一松本番所の下、一軒おいた奥平《おくだいら》九郎《くろう》右衛門《えもん》抱に「町大工　中嶋甚六《なかじまじんろく》」がみいだせるのが例外である。

しかし家臣・奉公人以外が借屋することは、実態としてはもっと広汎にあった。すでに一六八二（天和《てんな》二）年に、「牢人者又は小商人」を借家させるとき、触を屋敷主から責任をもって伝えること、また必ず請人をとることを家臣に命じたものがあった（毛利家文庫「法令」二〇〇）。「山伏《やまぶし》・比丘尼《びくに》▲・座頭《ざとう》▲・やもめ女の類」には禁止するが、「小商人」に屋敷の一部を貸しだすことを容認していたのである。ただし一六九九（元禄十二）年には、「家臣の拝領屋敷に長屋をつくって家来以外の者へ貸し、宿賃をとるような屋敷もあると聞く。今後は禁止する。もし貸屋として使っている長屋があれば取り上げる」（毛利家文庫「諸省」五二―四）と命じられた。だが一七二〇（享保《きょうほう》五）年には解禁しており、十七世紀末から家臣が屋敷の長屋を貸家として経営し、そこに武士や奉公人以外の日用や小商人を住ま

▼**比丘尼**　尼《あま》の姿をして各地を渡り歩いた芸能民。

▼**座頭**　盲人で、剃髪し琵琶《びわ》などの楽器や語り物を語って各地を歩いた芸能民。

わすことが徐々にふえていたように思える。

武家屋敷の売買が公然と行われたことによって、武家地の物権化が貸家化と併行して進み、そこに零細な者が入り込むことさえあったわけである。

外縁への拡大

さらに外縁部への都市域の拡大もあった。さきに掲げた十七世紀後半の城下町絵図を見ると、城下への陸路からの入口は橋本橋と、それ以外に数カ所渡し場があるだけだった。ところが一六九八(元禄十一)年になると、東方に松本橋があらたにかけられている(『萩市史　第一巻』)。このころまでに城下対岸松本の町場化が進んでいたことになる。たとえば幕末の城下町絵図には城下周辺の町場も書き込まれており、西南の玉江浦《たまえうら》、北東の鶴江浦《つるえうら》などには家並みがみいだせる。とくに東方、松本橋を越えた松本市から松本垰《まつもとだお》に続く細長い谷筋については、わざわざ紙を継ぎたしており、周縁部ではもっとも町場化した場所だったことがうかがえる。

こういった周辺部の町場にはどの程度の家数があったのか。今度は一七四〇

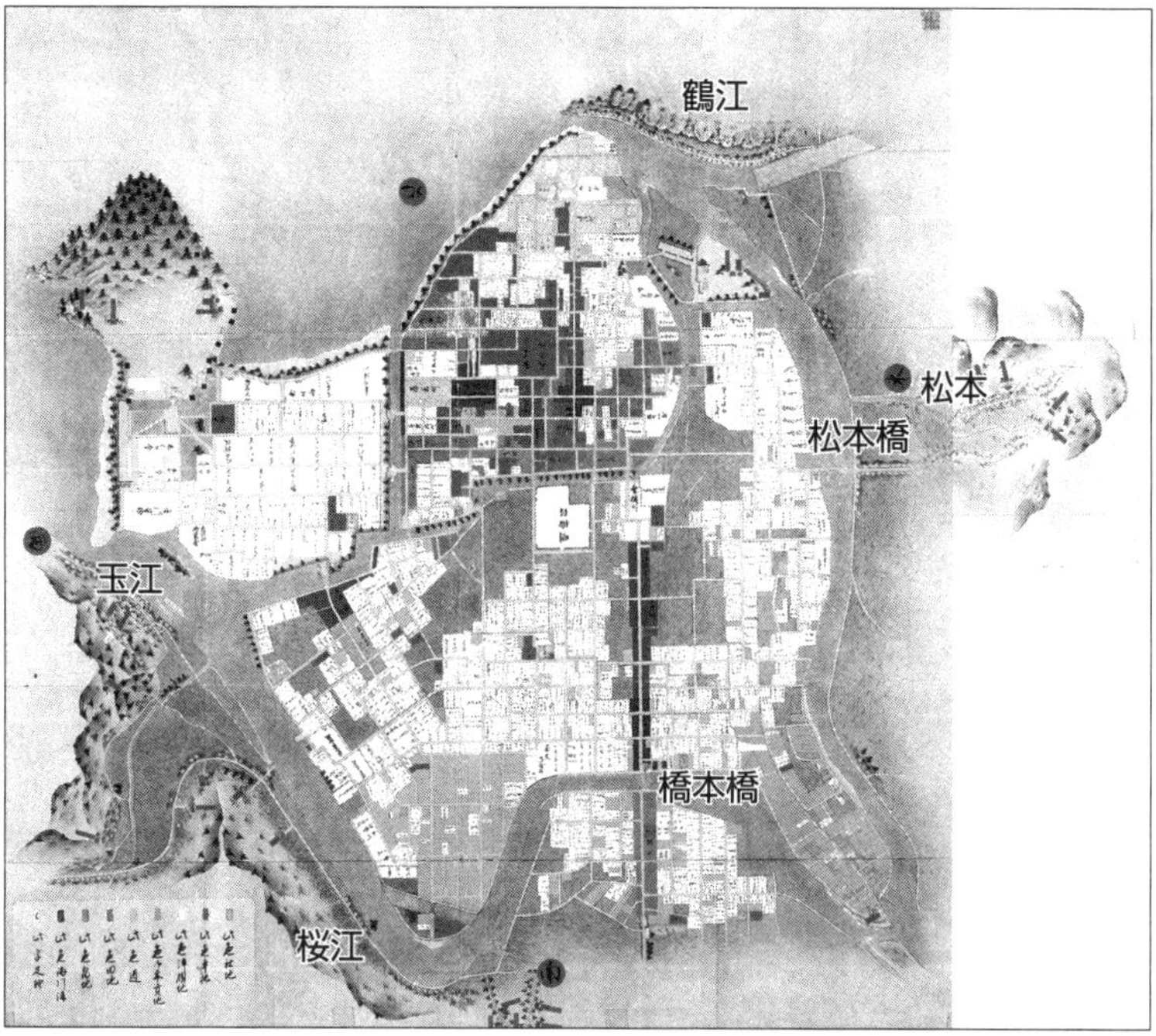

●──幕末の城下町絵図(毛利家文庫「絵図」414)　玉江や鶴江といった周縁部の港町も描かれ，松本にはわざわざ紙を貼り継いで町場が書き込まれている。

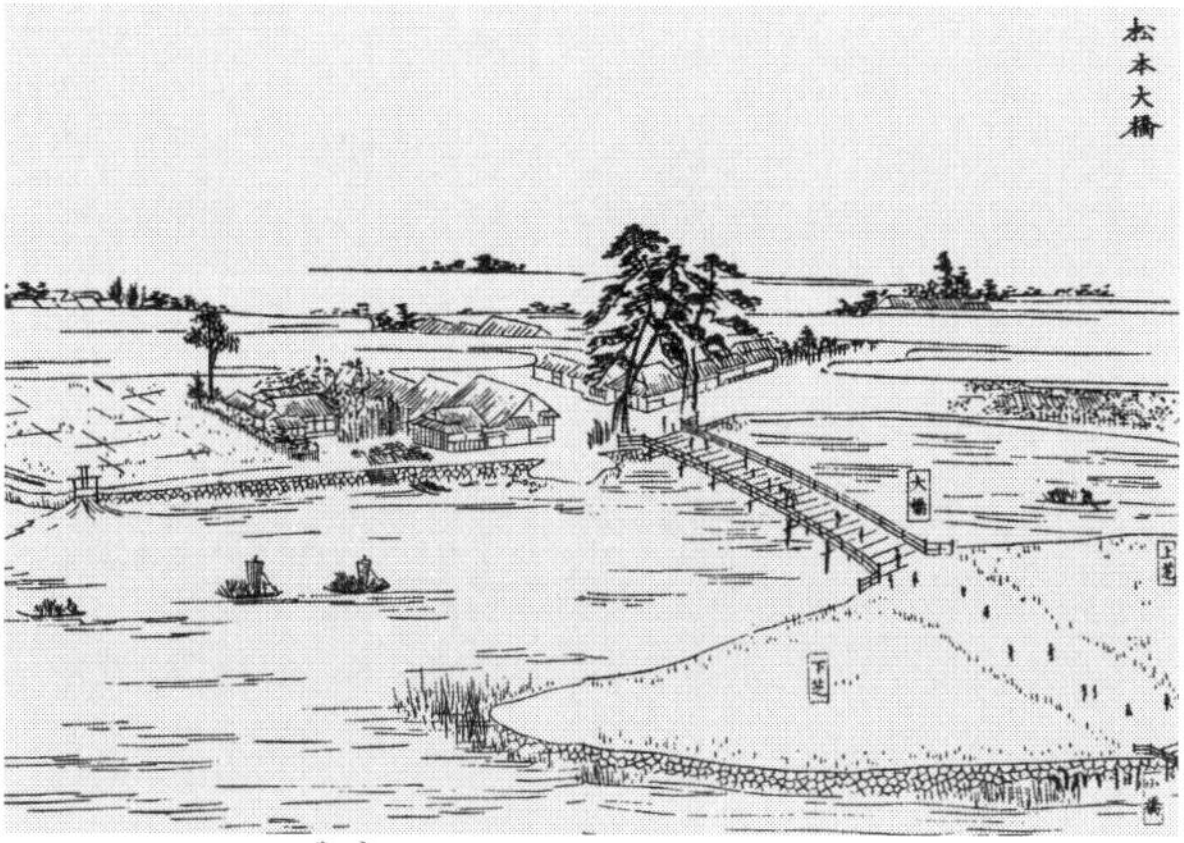

●──松本大橋(『八《や》江《え》萩名所図画』)

●—萩周辺の村・浦の家数
(1740年ごろ)

村・浦	家数	うち諸士屋敷
川島庄	404軒	185軒
椿東	963	617
椿西	442	173
山田	417	69
鶴江浦	99	
小畑浦	124	
越ケ浜浦	不明	
玉江浦	123	

『防長地下上申』4より作成。

年ごろにおける萩周辺の村や港町(浦)の家数をまとめた上表をみてみよう。まず川内にあって城下を構成する川島庄《かわしまのしょう》(川島・河添)四〇四軒は、浜崎町に匹敵するほどの家数であり、しかも約半数は諸士屋敷だった。また鶴江浦・玉江浦など港町は一〇〇軒前後であって小規模な町場だったことが知られる。ところがなにより注目すべきは椿東《ちんとう》の多さだろう。しかも諸士屋敷が六〇〇軒以上もあった。この場合の諸士屋敷とは陪臣《ばいしん》を含むのだろうが、それにしてもかなりな数である。この椿東こそ松本を含む萩東方に隣接する村にほかならない。城下の周辺にいくつかの町場が形成されていたが、なかでも橋を介して城下と結ばれた松本の発展は顕著であり、城下の副核といってもよいほどの市街地化をとげていたのである。

萩の都市構造の解明は今後の検討にまつところが大きいが、とりあえず以上の概観を踏まえれば、日用や小商いに従事する零細な店借が層をなして存在するようになっており、各町には横町の形で彼らの居住区が形成されていた。しかしその度合は江戸など巨大都市での展開におよぶものではとうていなかった。むしろ特徴的なことは市街地が川外に拡大し、とりわけ城下東方の松本一帯で町場化が進展、城下と連続する市街を形成するようになっていたことである。また武家屋敷についても借家化が進み、そこに町方と同様に零細な者たちが住みつくことがあった。城下の町方もさることながら、それを取り囲むようにして、外縁部や武家地にかれらの居住区が拡大していた。以上が十七世紀末以降における萩城下の動向だった。

▼御仕置帳　士分《しぶん》を対象にした「諸士御仕置帳」、直属奉公人や陪《ばい》臣《しん》の「足軽以下陪臣御仕置帳」、百姓・町人などの「常御仕置帳」の三種類があって、十七世紀末から幕末まで残されている。

④—周縁部の宿

松本の宿

実はこの萩城下《はぎじょうか》の外にあり代官《だいかん》管轄下だった松本《まつもと》にこそ、流入する者がいったん滞在する拠点が形成されていた。その具体相を明らかにするのは困難だが、幸い萩藩《はん》には「御仕置帳《おしおきちょう》」▲と呼ばれる判例集が残されていて、ほかの史料からではなかなかうかがえない民衆世界の実相を今に伝えてくれている。百姓・町人《ちょうにん》らについての「御仕置帳」としてはもっとも早い時期に属する一七一〇年代のものから、記事をいくつか紹介してみたい。

最初に寄組《よせぐみ》口羽衛士《くちばえじ》の中間《ちゅうげん》にかかわる事件をあげてみよう（毛利家文庫「罪科」一七八―二）。病気療養させていた中間久助《きゅうすけ》を、病人が村にいることをきらった療養先の村役人が石州《せきしゅう》へ送り込んだ際、送り状を偽造したという事件だった。この一件から、久助が奉公《ほうこう》するに際して以下の者たちと関係を有していたことがわかる。

(1)まず口羽衛士方へ奉公するとき、萩の油屋《あぶらや》町《ちょう》六右衛門《ろくえもん》を請人《うけにん》に立ててい

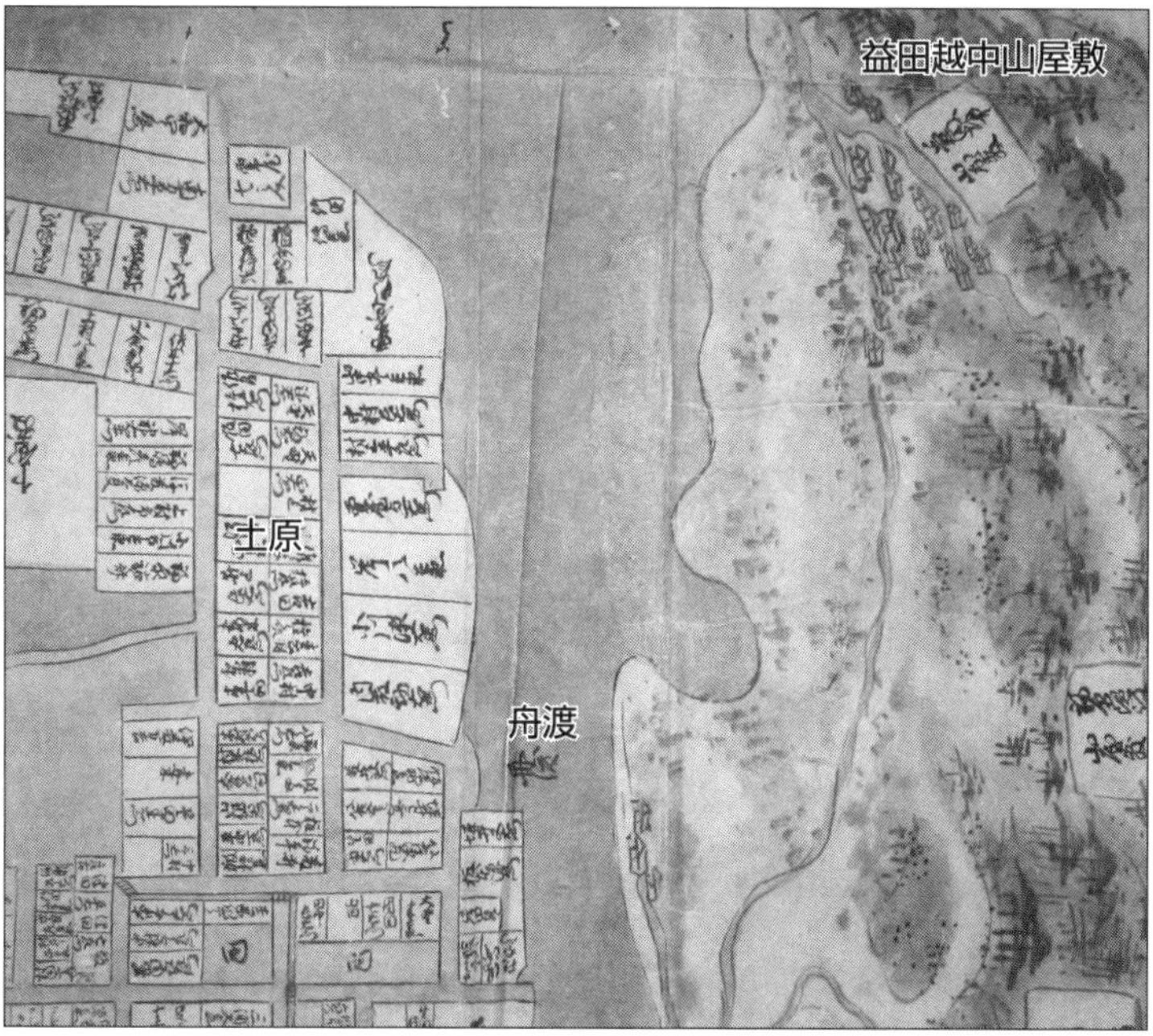

●──17世紀末の松本周辺（山口県文書館袋入絵図256「萩城下絵図」）　1680（延宝《えんぽう》8）年ごろ。「舟渡《ふなわたし》」周辺がのちの松本橋の場所。「益田越中山屋敷」周辺の集落が松本市であろう。

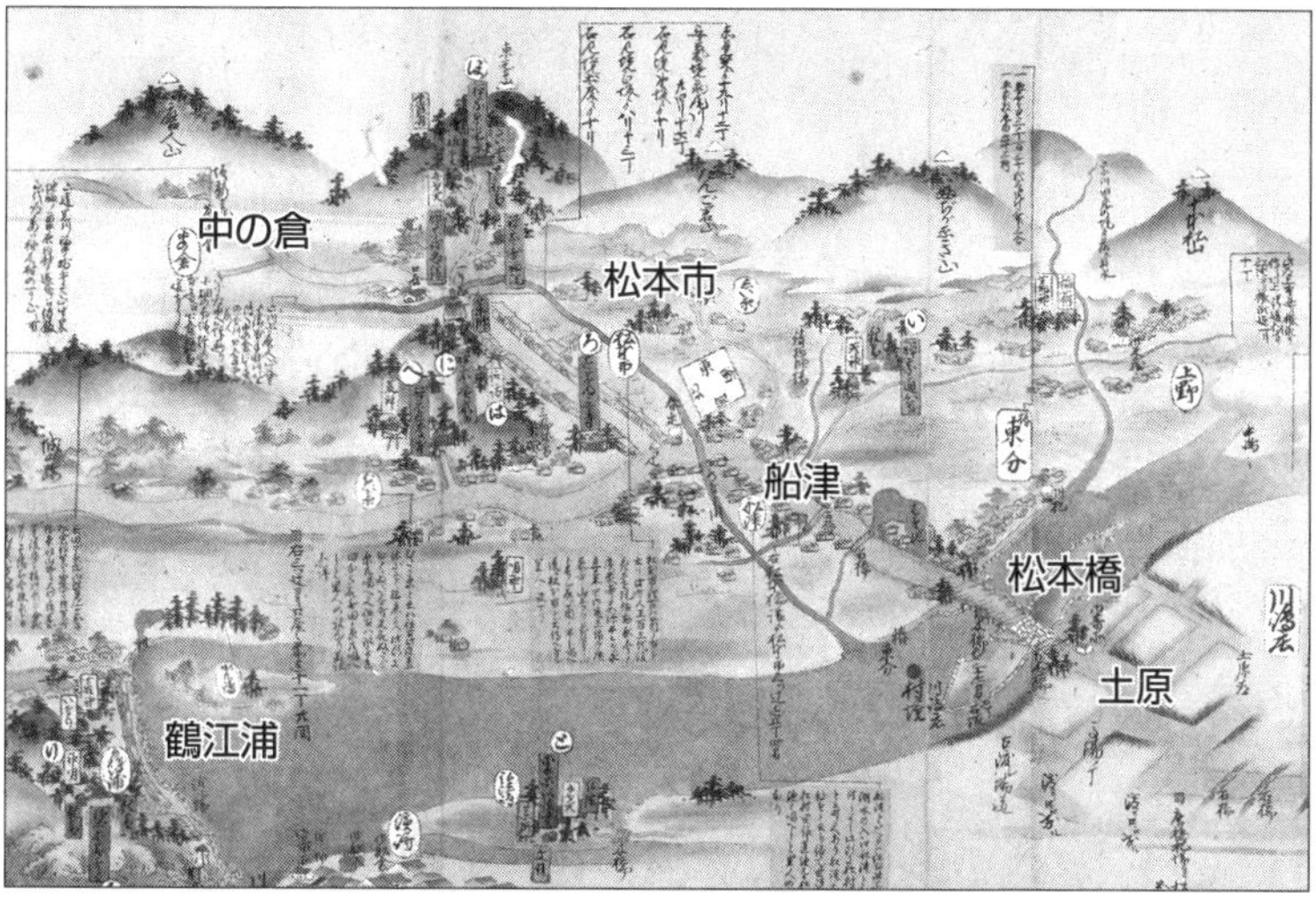

●──18世紀半ばの松本周辺（毛利家文庫「地誌」57「御国廻御行程記」）　松本橋を越えて，松本市を中心に細長く町場が形成されている。

た。主人に対してこの請人六右衛門が責任をおっていたことは、病気になれば「宿元《やどもと》」までつれていったり、あるいはその後、衛士にいわれてようすをたずねにいっているところから明らかである。(2)つぎに療養させた久助の「宿元」である。これが松本垰《まつもとだお》にあった。久助の親類は阿武《あぶ》郡嘉年《かね》村に、兄は石州益田《ますだ》にいたと記録されるが、「宿元」に父母がいるとも記さない。つまりこれは萩に流入した久助が一時的に滞在する宿だったと考えうる。(3)さらに請人とは別に下請人がいた。これは内藤与三左衛門《ないとうよさざえもん》方の奉公人だった。もっともその舅は松本垰の者で、久助を村から追い出す際送り状の偽造にかかわっている。下請人とは、萩町の請人とではなく、松本の宿と密接な関係にあったこともわかる。

このように、一つには奉公先に対して直接請に立つ萩町人、今一つふだんの滞在先となっていた宿とそれと関係する下請人という、重層的な関係が存在していた。在所をでた久助は、まずは松本に赴いて宿に滞在。萩町方の業者、油屋町六右衛門を紹介してもらい、それをへて奉公先へ雇用されていた。そして奉公後も、久助は松本の宿とこそ密接に関係していたわけで、ふだんは主人の屋敷内に居住しているにしても、なにか事があればそこに引っ込んでいた。

御客屋（『八江《やえ》萩名所図画』）

また赤川茂右衛門《あかがわもえもん》の中間又六《またろく》が、なにかの事件にかかわって御客屋《おきゃくや》で取調べを受けたときの記録もみてみよう（「罪科」一四五―一二）。ここでは役人とのやりとりの次第が又六の口から語られているので紹介しておきたい。

> 御客屋へいったとき膝の上に手をおいたので、「手を突くように」と何度もいわれてようやく手を突きました。つぎにお尋ねに対してとても大声で応えたため、「静かに話せ」と注意されました。また「生まれはどこで、宿はどこか」と聞かれたことには、旅の者で宿もありません、と答えました。今度は「請人は誰か」と聞かれたので、請人などおりません、と答えると「そんなはずはないだろう」といわれ、召しかかえられたときにはおりましたが、その後死んでしまいました、と答えました。

自身で「旅の者」といっているように、他所から萩へやってきた者だった。そしてこうした受け答えの粗雑さが問題となり、主人の赤川が事情を弁明する羽目になった。そこでは、又六が阿武郡福田《ふくだ》村の者で父はすでに他界した、請人は松本市の徳左衛門《とくざえもん》だったがすでに死去している、しかし松本には宿があって、ときどき暇をとってかよっている、などと述べている。ここでもやはり松本に宿があるし、その関係者が請人となっていたらしいこともわかる。

このように松本には奉公人として紹介するだけではなくて、奉公期間中も随時受け入れ、滞在させるような宿が存在していたのである。

しかもなかには身元不確かな者や、ときには明確な犯罪者さえ受け入れている。

つぎの例をみよう(「罪科」一八〇―一七)。松本市の八郎兵衛《はちろうべえ》のところへ、どこかの在郷出と思しき者が奉公口を求めてやってきた。聞けば御許町《おもとちょう》の馬医弥一《やいち》右衛門《えもん》の従弟とのことで、また同町の豆腐屋徳右衛門《とくえもん》の甥でもあるという。そこで家臣の渋谷《しぶや》長兵衛《ちょうべえ》方へ奉公の口入をした。もっとも奉公人としてではなく、「日用者《ひようもの》」としてだった。その後、長兵衛が当人を気に入りそのまま召し使おうとしたが、八郎兵衛は「私が請人に立つことはできません」と断わった。ために「日用者」としてそのままおくことになった。ところが引負い▲をして欠落《かけお》ちし、調べてみると火差し▲の九郎左衛門《くろうざえもん》の同類、七郎兵衛《しちろうべえ》という者だったことが発覚したという。身元不確かな者でも、日用とすることで事実上奉公人に仕立て、送り込んでいた。

▼**引負い**　奉公人が、主人の金を使い込んだり、借銀をして主人に損失をあたえること。

▼**火差し**　放火犯。

▼国退き　領内を追放される処罰刑。

もう一つ、林市右衛門《はやしいちえもん》の奉公人角右衛門《かくえもん》が捕縛された一件も紹介しておく（毛利家文庫「少々控」七―一）。

角右衛門は二、三年前、松本辺りで畠物を盗みとり売り払ったかどで召し捕えられ、籠舎《ろうしゃ》ののち国退《くにの》き▲に処されていた。そのときは五郎右衛門《ごろうえもん》と名乗っていたという。その後、領内に立ち帰り松本にいたが、「悪調儀《あくちょうぎ》の者居り候宿」で酒を呑んで寝込んでいるところを、町横目《まちよこめ》の者にみつけられ召し捕えられてしまった。そこで究明されつぎのように弁明している。

国退き後、阿武郡紫福《しぶき》村にいる父七郎右衛門《しちろうえもん》のことが心配で舞い戻ってきました。その後渡世《とせい》のため奉公しようと萩にでました。そして土原《ひじわら》の日用甚右衛門《じんえもん》を頼んで、林市右衛門様方へ奉公することになりました。昨年九月から今年の来たる三月まで、八〇目の給銀《きゅうぎん》という約束でした。その際請人には父を叔父ということにして立て、また熊谷《くまがい》町の久左衛門《きゅうざえもん》にも奥書をして請人となってもらいました。

ところが調べてみると、紫福村に七郎右衛門などいないし、熊谷町にも請人に立った者はいないことが判明。そもそも国退きの際には親は福田村九左衛門、叔父が七郎右衛門と述べていた。そこで日用甚右衛門を尋問してみると、たしかに角右衛門に頼まれて奉公を斡旋した、請人などのことは角右衛門の申し出どおりだと答えたという。

ここで国退きに処された角右衛門でも家中《かちゅう》に奉公人として入り込めたのには、一つには城下東部の土原にいた日用甚右衛門の存在があった。彼が偽の請人を立て請状も偽造することで奉公先を斡旋していた。なおその際、叔父と熊谷町の久左衛門と二重に請人を立て、しかも二つながらに偽の請人だったわけだから、町方《まちかた》の請人とそれ以外の下請人とを立てることが普通だったことを物語るように思える。つまり先にみたような重層的な請負関係がこのころ一般化していたのではなかろうか。

彼が流入できた条件として今一つ、やはり松本の宿があった。しかもここは「悪調儀の者」がふだんいるところで、角右衛門も奉公期間中そこに身を寄せていた。そもそも国退きになったのは松本で畠物を盗んだからだったが、松本の宿はこうした者でもかまわず受け入れていた。また土原とは松本橋を渡った対岸だから、日用甚右衛門が、この宿によって紹介された者だったことも予想で

▼六十六部　元来は全国六六カ所の霊場《れいじょう》をまわる行脚僧《あんぎゃそう》のことをさす。その恰好をして鉦《かね》や太鼓《たいこ》を鳴らし勧進を行う者をいうようになった。

●──萩城下と周辺地域（平凡社『日本歴史地名大系』付録「山口県全図」に加筆）　石州方面からの街道が萩に入り込む、その喉元に松本はあった。

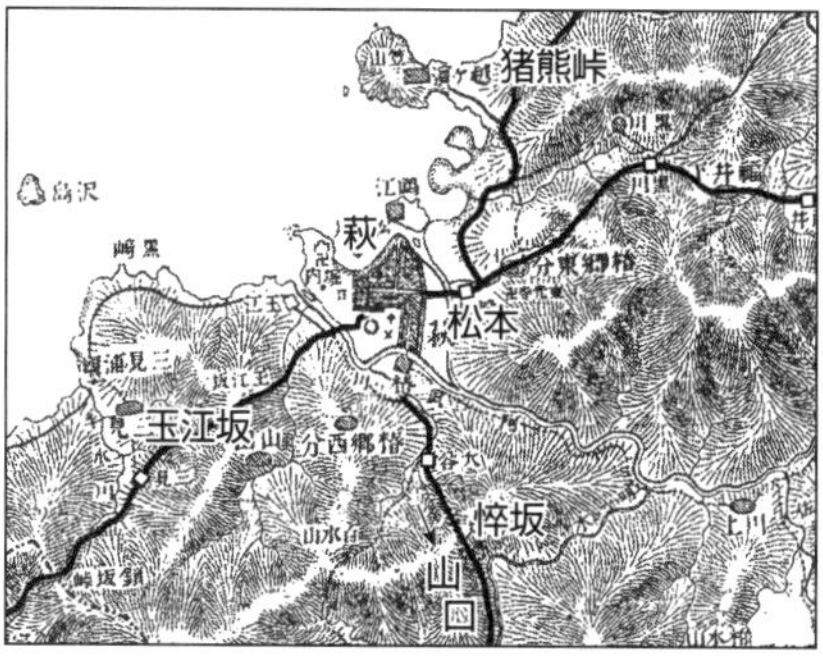

きる。

こうして松本やその周辺には奉公人を宿泊させたり、斡旋するにとどまらないで、たとえ犯罪者でもかくまってやる場所さえ随所にあったわけである。

萩城下における宿

松本は石州方面からの街道が萩に入り込む喉元に位置しており、他所から流入する者がいったん滞在する拠点となったことは地理的にも納得できる。もっともそうであれば、同様な地点として山口方面からの入口にあたる椿町《つばきちょう》もあった。はたしてここにも類似の場所があったようで、博奕《ばくち》宿をしたり六十六《ろくじゅうろく》部《ぶ》▲を無届けで宿泊させたため処罰された記事が「御仕置帳」に散見される。

とはいえ、さきの城下町絵図、十七世紀後半のものと幕末のものとを比べてみると、椿町は川外であるにもかかわらず、早くから町方に組み込まれたところだったことがわかる。周縁部ではいち早く町場化していたのだろう。ところがその後、市街地はこちら方向にはあまり拡大せず、述べたように松本が副核として発展していったようである。

ちなみに後年のものだが、一七七五(安永《あんえい》四)年にも他国者が萩へ入り込むことを制限し、「惣町人別」に受け状を提出させたことがあった(毛利家文庫「法令」一六〇―一五)。そのなかで「市中において旅人宿《りょにんやど》六軒これ有り」とする記述がある。また一八一六(文化《ぶんか》十三)年に椿町が藩に提出した願書のなかでは、従来椿町には「旅人小者宿《りょにんこものやど》壱ケ所定め置かれ」ていて、「順礼六部浪人等」が宿泊している、と述べている(「法令」一六〇―三〇)。これらからすれば、椿町をはじめとする町方数カ所に藩公認の「旅人宿」がおかれ、他国者を引き受けさせていたことがわかる。対して松本は町奉行《まちぶぎょう》支配からはずれていたからこそ、非合法な宿も多く簇生しえたということだろうか。

また十八世紀後半の「御仕置帳」から、他国者を止宿《ししゅく》して処罰された例をぬきだしてみた(次ページ表参照)。断続的でしかもわずかな事例でしかないが、なかに止宿させるだけではなく奉公の世話もしている例がみいだせる。また場所についていえば、萩町・東田町《ひがしたまち》は中心部の町方、それに河添が川内《かわうち》であり、ほかはすべて川外《かわそと》になる。そして玉江《たまえ》や鶴江《つるえ》もあるとはいえ、やはり目につくのは松本であろう。さらに石州者久次郎《きゅうじろう》は松本と玉江の「旅人宿」に数日滞在し

●—他国者止宿につき処罰例

年　月	処罰された者	罪　　状
1772年10月	河添豆腐屋五右衛門	赤間関者と偽った徳島出生治助を宿させ，奉公の世話もする。
73年	古萩町七郎右衛門ほか	石州者久次郎夫婦の宿請となり，奉公の世話もする。
	松本市旅人宿甚左衛門	久次郎を数日滞留させる。
	玉江旅人宿甚左衛門	久次郎を数日滞留させる。
73年	大屋町弥七	石州者栄左衛門を借宅させる。
81年	松本市旅人宿甚左衛門	長府者と偽った肥後者を数日滞留させる。
83年１月	古萩町杉山伊右衛門	大坂者吉左衛門を数日滞留させる。
	松本介右衛門	吉左衛門滞留の世話をする。
83年10月	鶴江旅人宿孫七	長崎出生由軒夫婦を２日間滞留させる。
93年２月	松本市甚助	津和野者兼助を止宿させ，代役奉公の請に立つ。
93年８月	東田町宮原伊右衛門ほか	豊前中津勘二郎を滞留させる。

毛利家文庫「罪科」202・203・204より作成。1772～75年，81～84年，89～94年。

たあと、古萩町七郎右衛門《しちろうえもん》らを介して奉公にでているし、大坂者吉左衛門《きちざえもん》は、松本の介右衛門《すけえもん》の世話で古萩町伊右衛門《いえもん》方に滞在できたようである。いったん松本に滞在し、そこから萩中心部での宿や奉公先を紹介してもらっているようすもうかがえる。

流入する者を引き受け斡旋業者に引き合わせる、こうした地区として松本はすっかり定着していたようなのである。

武家屋敷への滞留

そうした目をもてば、武家屋敷もまた恰好の滞留場所だったことが視野にはいってくる。主として十八世紀前半の「御仕置帳」から事例をあげていこう。

福原隠岐《ふくばらおき》の屋敷番が、石州出身の「悪人」六右衛門《ろくえもん》夫婦を宿泊させたかどで処罰されたことがあった（「罪科」一七八一一）。福原家は永代家老《えいたいかろう》の家であり、屋敷は堀内《ほりうち》にあった。ここで問題視されているのは城下東端、上土原にあった下《しも》屋敷▲での出来事だろう。

このように屋敷の管理をまかされた屋敷番が、身元不確かな者を滞留させた

▼下屋敷　一〇〇〇石以上の家臣には下屋敷所持が認められていた。多く城下外縁に見受けられ、川外におかれることもあった。十八世紀半ばの屋敷奉行の書上げでは四七カ所があがっている。本来は陪臣・奉公人を居住させるためだったが、やがては貸屋として運用されることもふえていった。

●——松本市益田丹後下屋敷の構成(1811年)

本屋１軒	
長屋１軒	益田丹後家来重富竜介
４竈	大野金左衛門育姉１人
	伊藤甚左衛門育姉１人
	屋敷番足軽与左衛門
長屋１軒	河村牧太
４竈	馬屋付長左衛門／同源蔵／同源右衛門
長屋１軒	大村勘左衛門

毛利家文庫「罪科」21―23より作成。

とする例もまた「御仕置帳」に多くみいだせる。八丁縄手《はっちょうなわて》というから城下南端に位置した、山中《やまなか》某抱屋敷の屋敷番勘七《かんしち》の場合、あずかった屋敷を勝手に四竈《かまど》に仕切って貸家として運用し、なおかつ「盗人宿《ぬすっとやど》又は買女《ばいた》等の宿」までしていた（「罪科」二〇一―二。これは一七五〇年代の判例）。下屋敷や他人に貸している武家屋敷（抱屋敷）において、松本にあった「悪人」の宿と同様なところが存在した。その際には管理人である屋敷番が、身元不確かな者をとどめおく場合が多かったようである。

あるいは信常太郎兵衛《のぶつねたろうべえ》が、川外にあった下屋敷に下人善兵衛《げにんぜんべえ》を「田屋番」としておいていた。ところがある夜、そこで操り芝居が興行されたと噂になったため善兵衛を呼びつけ事情を糺したが、外出中で知らなかったといったんは返答した。しかしその後も操りのことが世間で評判だったので、家臣を派遣して調べたところ、実は善兵衛当人が、礼銀と引替えに「地下《じげ》の者▲」に操りのため屋敷を貸していたのだった（「罪科」一四五―五）。また城下南端椿にあった宍戸志摩《ししどしま》の下屋敷で、ある家来《けらい》が「かねがね出入り」をしている魚売の者に頼まれ、御法度《ごはっと》の富頼母子《とみたのもし》▲興行のため座敷を貸していたことが露見している。酒茶代九匁と

▼地下の者　地元の者、といった程度の意。

▼富頼母子　頼母子とは金銭の融通手段。講を結び構成員が掛金を拠出し、あたった者がそれを取得できた。それ自体は合法的だったが、賭博《とばく》行為に転じることがあった。

引替えだった（「罪科」一四九—三）。当主の知らぬところで操り興行や富《とみ》くじ▲類似の行為が営まれるほど、そもそも管理は杜撰なものだった。城下外縁部や川外にあった下屋敷、また所持者の日常的な管理がおよばない抱屋敷に、身元不確かな者がいつくことは、さして困難ではなかったはずである。

その際、さきに角右衛門を奉公先に紹介した日用甚右衛門は土原の者だった。ここは武家屋敷が建ちならぶ地区だから、甚右衛門もまた武家屋敷の借屋人、場合によっては屋敷番だった可能性もある。屋敷番は松本の宿と同様、不確かな者を滞在させるばかりか、奉公先への斡旋も行うことがあったのだろう。

宿の形成期

ところで十八世紀初めには、城下に身元不確かな者、帰る家のない「うろたえ者」が入り込むことが治安上の問題として浮上していた。もちろん彼らの流入それ自体が近世の初めからあるのは当然だが、この時期になって治安問題として藩に対応をとらせるのである。

それは一七一三（正徳《しょうとく》三）年五月にだされた触《ふれ》であり（毛利家文庫「法令」

▼**富くじ**　賭博の一種。富札《とみふだ》を購入し、あたれば賞金が獲得できた。萩藩では厳しく禁じられていた。

一六〇一―一二)、「自他国の悪人」がいて人びとが難儀しているというように、治安上の観点からだされたものだった。毎年正月と七月に町人に読み聞かせよ、とあって、以後の基本規定にしようとしていた。しかも同趣旨が在方《ざいかた》へもふれられており、領内あげての対応だったこともわかる。

内容をみると、まず他国者を宿泊させる際には一宿のみとし、あらかじめ定めた「旅人宿」にのみ許可する、とある。しかも「六十六部廻国者」のような勧進《かんじん》層と目される者は城下(川内)への滞在は認めなかった。また在方と萩とを往復する小商人には提札《ていさつ》を交付した。それは「悪人ども」が、籠をかついだり風呂敷包みを肩にかけることで商人の真似をするからだった。あるいは「操り稼業」についても、他国の者は追い払い、領内の者は渡世をかえさせよ、ともいう。萩と在方を往来する商人や宗教者、芸能民などのなかに、「悪人」が紛れ込むことを警戒せねばならぬほどだったのである。

そうして萩に流入する「悪人」には結節点となる場所があることに、触では警戒を呼びかけている。まず「盗人ばくち打ちの媒《なかだち》」があった。浪人者や商人などといって市中に居住していながらなんの渡世もしていなければ、そうした者の可能性があるとしている。また「すいほう」▲も名指しされている。市中に必ず一両人いるもので、盗難にあってもこれに頼めば盗物を取り返すことができる。だから「盗人の媒」をするこうした者を下々が居住させているという。

はたしてこの触の効果であろう、一七一五（正徳五）年三月に粋方伝兵衛《すいほうでんべえ》なる者が捕縛されている。それについて町奉行が日記（『御客屋《おきゃくや》日記』）に書きつけたところでは、防府《ほうふ》にいた粋方伝兵衛が、いったん国退きに処せられたのに、ひそかに舞い戻っていた。彼の「手下者」は宮市《みやいち》・山口・萩と領内の主要な都市域に散在していて、放火などの犯罪を犯していた。そこで捜索させたところ、松本に借屋を構え、吉田好庵《こうあん》と名乗っていたという。領内に広がる侠客世界があり、それらを束ねる頭取的な者が松本にはいたわけである。

こうして十八世紀初めに、領内を移動し萩にも入り込んでくる「悪人」を問題視し、それへの取締りが具体的に実行されていた。逆にいえば、「悪人」が紛れ込むような城下への流入人口がふえていたということだろう。そしてそのことには、彼らを引き寄せる結節点が本格的に形成されたことがかかわっていた。公認されたおそらく数軒の「旅人宿」以外に、松本の宿や一部の武家屋敷という

▼すいほう（推放・粋方）　瀬戸内地域各地に展開した侠客《きょうかく》集団ないしその統括者。芸能興行や遊女《ゆうじょ》商売、あるいは市の支配などにもかかわった。なお萩藩領では近世後期になると、もっぱら目明《めあかし》と呼ばれていく。［神田、一九九九］参照。

滞在箇所が広汎にできあがり、そのことが流入を一層促進させ、また定着させることにもつながっていく。そうした社会関係の成立をみてとることができるだろう。

町方の斡旋業者と宿

ここで振り返れば、町方の特定の「人屋《ひとや》」をとおして奉公人規制を果たそうとしながら、ただちに撤回したのがこの時期だった。また宿駅の送り夫や普請に使う人足についても請負人が辞退を申し出、ために藩が直接確保に乗りださねばならなくもなっていた。藩と結んだ町方の請負業者の安定がおびやかされていた、ちょうどその時期に重なっていた。

なお藩の奉公人政策を下支えした業者について、たとえば「奉公人問屋」四人は萩町方に居住していたし、十七世紀末から十八世紀初めの「人屋」も、明らかに町奉行管下で萩町方の者だった。少なくとも萩町方に居住する業者だったことははっきりしている。しかしそれ以上の実態をうかがえる史料は残念ながらほとんどない。わずかな手掛りとしてつぎの例を紹介しておこう（「罪科」一八〇

—一三)。一七一七(享保《きょうほう》二)年に、藩の中間の弟で山口在住の者が奉公を求めて萩へでてきた。そのときは花松垰《はなまつだお》の与右衛門《よえもん》夫婦方に宿を頼み、奉公口を紹介してもらっている。ところが奉公先で盗みを働き処罰されたのだった。花松垰は細工町《さいくちょう》北端の横町であり、幕末の「分間《ぶんけん》絵図」(萩博物館蔵)をみると、事実上町屋敷一屋敷分(入二三間)しかなく、それが数竈に分割されていた。与右衛門はその一竈分を借りる店借《たながり》だったのか、もしくは複数の竈を借りてそこに奉公先を求めてきた者を滞在させていたのか、これ以上のことはわからない。業者のなかには、こうした零細な店借も含まれていたわけで、おそらく町方にあっても多様な展開があったことが予想できる。それらのうち有力な者が藩の奉公人政策を下支えする役割を果たしたのだろう。

　ところが各地から身元不確かで、場合によっては犯罪者さえ含むような存在が多く流入するにつれ、それに吸着する宿が城下周縁部、とりわけ松本に形成されるようになった。その本格的な形成時期と、「人屋」をはじめ目代《もくだい》や日用《ひよう》頭《がしら》など藩と結んだ業者の経営が不安定化するのとがちょうど対応していた。そうであるならば、奉公人や人足《にんそく》・日用などの供給が松本の宿に取ってかわられる、そうした事態が進展していたと考えるしかないだろう。町方にあった旧来の業者は供給を独占できなくなり、かえって宿に依存せざるをえなくなったのではなかろうか。藩が、萩での奉公人確保に積極的に乗りだす姿勢を放棄してしまったのも、その姿を目の当たりにしてだったことになる。

ちなみに江戸には乞食《こつじき》＝勧進層▲を宿泊させる、願人坊主《がんにんぼうず》▲経営の「ぐれ宿」▲が数カ所に存在したとされ、その具体相が吉田伸之氏によって紹介されている。大坂でいえば長町《ながまち》の木賃宿《きちんやど》街がただちに想起される。規模の大小はあれ、類似の状況は地方城下町においても一般的だったのだろう。ただし萩の場合、滞在先である宿が、場合によって奉公先の斡旋にもかかわっていた。この点、江戸などで奉公人の供給に一元化した、しかも種別に特化さえした人宿《ひとやど》▲が早くから分化していたのとは事情が異なっている。畢竟、需要の程度に規定されて斡旋機関としての専門化という点では未熟な段階にとどまったということであろう。

史料的な制約から萩に即してこれ以上の実態、とくに宿の経営者の性格などを明らかにすることはできないが、家族を有する店借とは異なる階層として、「日用」層ないしそれと密接な乞食＝勧進層が城下を取り巻いて存在するように

▼**乞食＝勧進層**　労働力販売の機会にもめぐまれず、他者からの施しによってはじめて生存できる人びとがいた。そのための技芸として、宗教行為や芸能を発達させる者も多かった。

▼**願人坊主**　鞍馬寺子院《くらまでらしいん》配下の勧進僧。江戸や大坂などで仲間を形成していた。江戸では勧進のほかに「ぐれ宿」の経営が経済基盤になっていた。

▼**ぐれ宿**　多様な乞食＝勧進層や零落した裏店《うらだな》層を滞在させた宿。木賃宿ともいう。

▼**(江戸の)人宿**　かかえている寄子《よりこ》を大名《だいみょう》屋敷などに供給した。一一組の番組人宿を構成し、その下に職種別の仲間を形成していた。

なっていた。それは縁辺部の宿を結節点に自律的な世界を形成し、藩の統制を許さないほどのものだった。十七世紀末から十八世紀初めの時期を画期として、家臣の奉公人もそこに依拠して供給されるようになっていったのである。

⑤——奉公人の結びつき

奉公人としての規範

では、そうして雇用される奉公人《ほうこうにん》のあり方に、つぎに目を転じることにしよう。

一六五四（承応《じょうおう》三）年八月のこと、三〇〇石取《こくどり》の大組《おおぐみ》大和《やま と》刑部《ぎょうぶ》に仕えるある中間《ちゅうげん》が、薪《まき》を担《かつ》げて油屋町《あぶらやちょう》をとおっていたところ、折悪しく走りでた子どもがぶつかってころんでしまった。中間は、それをみた子どもの親に拳で殴りつけられ、しかも町内の者も「出会って」きたため、手足もださず逃げ帰ってきた。それを聞いた主人刑部は藩《はん》に対し、自分の中間は「一言の問答をも仕らず候ゆえ」喧嘩とも申しがたい、しかし「奉公人の作法《さほう》」を背いたことになるので「成《せい》敗《ばい》」すなわち処刑しようと思う、相手の町人《ちょうにん》も同様に処罰されたい、と申し入れている（益田家文書五三―一二）。

ここで中間は喧嘩をしなかったにもかかわらず、「奉公人の作法」を背いたことが問題だという。藩の判断が、中間をそのまま召しおいても、もしくは「や

▼**賃労働**　用役給付型労働が、労働と生活手段とを使用価値として交換しあい、相互で不生産的に消費されるものなのに対して、交換価値としての商品生産を目的とする。

まされたる者召し仕い候事あい成らず」と思うのなら、つまり町人に殴られっぱなしだった者をかかえおくのが体裁悪いのなら召し放ってもよい、とするものだったところからも(益田家文書五四―四九)、喧嘩に正面から立ち向かわなかったことが問題視されたことはまちがいない。家中《かちゅう》の一員であればこそ、中間には武士と同じ行動規範が求められていた。

かつて近代へ向けた賃労働▲の萌芽が問題になったとき、雇用関係におかれているとはいえ、封建《ほうけん》的な規制下にある者だとして、武家《ぶけ》奉公人は特別視されていた。今あげた事例は、武家奉公にはたしかに封建的規制というべきものが存在したことを物語っている。

奉公先での結合

しかし当の中間がそうした規範を内面化させていたとは、とうてい思えない。実はその前年十一月にやはり大和刑部の中間が問題を起こしていた(益田家文書一七―三四)。ある夜のこと、細工町《さいくちょう》勝《かつ》や三右衛門《さんえもん》方に、親類で堅田安房《かただあわ》の家来《けらい》が病気で療養していた。すると裏の空き家でなにやら物音がする。近寄って

◀外観(北側)

◀内側(南側)

◀西端の部屋

●──旧厚《あ》狭《さ》毛利家萩屋敷長屋　萩の武家屋敷跡には長屋や長屋門が随所に残っている。なかでも一門厚狭毛利家のものは桁行50メートル強と最大。東・中・西の3区画に畳敷きの部屋があり，西の端には“中間部屋”と称される板の間の大部屋がある。

▼**根太木**　家の部材。床を支える横木のこと。

みると二人の男が家の根太木《ねだぎ》▲をめりめりと剝いで、もちだそうとしていたのだった。そこで脇差《わきざし》でもって斬りつけると二人は逃げだしていった。早速その旨を主人に報告し、そこから町奉行《まちぶぎょう》をとおして市中《しちゅう》にふれられることになった。そうして数日後、片河町《かたがわちょう》の小商人《こあきんど》が訴え出たことには、ちょうどその夜、大和刑部の家来、五郎右衛門《ごろうえもん》・半三郎《はんざぶろう》・万吉《まんきち》が宿を求めてやってきたという。万吉は妻の甥にあたるので、その縁でやってきたのだが、彼は額に疵《きず》をおっていた。そこで万吉を刑部の屋敷につれていったところ芋蔓《いもづる》式に関係者が摘発され、しかも同類と一緒に各地で小盗みを繰り返していたことが判明。「成敗」されることとなった。

ここで注目したいのは、摘発された五人がいずれも大和刑部の奉公人であり、しかも苗字を付されていないことからして中間と判断できることである。この年十月にも五人で「同心《どうしん》」して平安古町《ひやこちょう》で薪を盗んだと白状しているように、同じ家中に務める中間同士が結託して盗みを繰り返していた。その際根太木を盗むことをいいだしたのは六左衛門《ろくざえもん》で、かつ彼は露見と同時に逃亡を企てている。おそらくはリーダー的存在だったのだろう。そうした者を核に結合をなしていたことが考えられる。もちろん同じ家中にはこのほかに若党《わかとう》がいたはずだが、あくまで中間としてのまとまりだった。武士としての規範などどこ吹く風、まったく独自な行動様式を示していたわけである。

　こうした奉公先における結合はほかでも広くみられるはずで、かつ近世を通じてのあり方だったと思われる。ではそれを、はたしていかなる性格のものと評価すればよいのだろうか。そのことを考えるうえで参考になるものとして、近代の不熟練労働者が職人以上に「同職集団」としての強い自己意識、規制、人的結合力を有していたという東條由紀彦氏の議論がある。それには、熟練を有しないからこそ、長年の苦難にたえること、命知らずの働きといった非合理的にもみえる内的規制が、仲間の一員としてみずからを定立させる契機となっていた、そうした事情があったらしい。また江戸の鳶《とび》▲についても、固有な職分を有さないからこそ、彫り物や衣裳を「伊達《だて》」としたり、あるいは火事場での勇気を称賛するという独特な文化を育んだといわれる。

　ここからすれば奉公先での結合も、武家奉公人としてのあり方を越えて、熟練や所有から無縁であり、かつ生存のため唯一の資産である労働力を売って日

▼**鳶**　江戸では鳶頭《がしら》が町火消組合を枠組みに共同組織を形成しており、土木工事や火消人足に配下の鳶を供給していた。「吉田、一九九八」参照。

銭を稼ぐしかない者たち、「日用《ひよう》」層としての本質にかかわらせて、性格を考える必要があろう。それはたとえばつぎの例にも共通すると思われる。

ずっとくだって一八一九（文政《ぶんせい》二）年七月のこと、山口で恒例の祇園祭《ぎおんまつり》があった。人が群集することをあてこんで九州からすり六、七人がやってきたが、さしたる儲けにもならず、そのまま安芸宮島《あきみやじま》へ移動することになった。このころ瀬戸内沿岸部の港町や新田・寺社などで盛んに市《いち》▲が開催されていた。それは賑やかな芸能興行と一体のもので祭礼と変わらないものだった。彼らはそうした場所を渡り歩く者だった。その移動の道中、浮野《うかの》峠で口論の末、脇差をぬいての乱闘騒ぎを始めてしまい、捕縛されることになった。詮議してみると、山口にいたとき、すりでは儲からないと近郊の宿駅《しゅくえき》に盗みにはいった者があった。それをめぐって、「すり仕り候者、盗み仕り候ては、すり半間《なかま》の貌《つら》よごしにつき、（仲間を）省き申すべし」とのことで喧嘩になったのだという（山口県文書館多賀社文庫一一九九）。すりはするが盗みはしない。盗人とは違うということをもって仲間同士の矜持としていたわけである。

属する家や村を失い、生きていく術を求めて各地を移動する者たちは、うま

▼市　定期市とは別に「定市《じょういち》」と呼ばれる一カ月程度の市が、近世後期には各地で開催された。芸能興行などとセットになった、瀬戸内地域に共通してみられるものだった。

く雇用先にありつければよいが、その機会がないとすりや盗み、あるいは物乞いをするしかなかった。そうした不安定な境遇だからこそ、「仲間」としてのつながりを求め、それに依存する度合はかえって強かったにちがいない。しかしその結束を維持するもの、内部と外部を区別するハードルは本来ないに等しい。そこでたとえば盗みをしない、こうした自分たちなりの規範をもって結合の契機にしていた。逆にリーダーの指示で盗みにはいることになれば、そのときの〝働き〟こそが称賛され、また結束を確認しあう手段にもなる。あるいは「異形《いぎょう》の躰《てい》」をなして肩で風を切って歩いたり、荷物のもち方のわずかな所作にこだわることもある。非合理的といってしまえばそれまでだが、職分の固有性・独自性を社会にアピールできない彼らにとっての、それこそが内的規制であり結合の証にちがいなかった。中間の結合もそうした類のものとみなすことができる。

縁を介した移動

また「日用」層同士の人格的つながりは、各地を移動するうえでも不可欠の条件をなしていた。

一六九七（元禄《げんろく》十）年五月のこと、江戸上《かみ》屋敷▲の裏門に臥せっている男がいた。門番が身柄を捕え事情を糺したところ、十兵衛《じゅうべえ》と名乗るその男は、つぎのように身の上を話しだした（毛利家文庫「少々控」五―一〇）。

私はもともと御国の福原左近《ふくばらさこん》様領分の百姓です。しかし困窮して立ちゆかなくなったため田地は差し上げ御領をでることにしました。そして妹聟のいる小倉《こくら》に母や兄弟とともに向かいました。その後山口へ帰り、馬喰《ばくろう》をしている兄を頼って小商いや綿打《わたうち》▲などをし、ときには萩へ日用稼《かせ》ぎへもでておりました。また妻木忠左衛門《つまきちゅうざえもん》様方へ奉公したこともありますし、萩へでて遊佐勘左衛門《ゆさかんざえもん》様へ奉公したこともありました。今年の二月、伊勢《いせ》参りへ向かい、そのまま御当地へ一昨日到着しました。もっとも宿の当てもなく宮に寝泊まりしております。ところで萩で日用をしていたときに、毛利《もうり》市正《いちのかみ》様家中の三助・半助という者と近付きだったので、こちらの御屋敷に来て両人を頼ればいずれかへ奉公できると考え、御門まで参った次第です。

▼**江戸上屋敷**　萩藩上屋敷は桜田《さくらだ》にあった。現日比谷公園。

▼**綿打**　繰綿《くりわた》を専用の綿打弓で打ってやわらかくする労働。熟練の度合は低度であり、「日用」層が従事する職業の一つだった。

▼**福原領**　福原家は一門に準じる永代家老《えいたいかろう》の家。一万一〇〇〇石余の知行地のうち、八五〇〇石ほどは瀬戸内沿岸舟木《ふなき》宰判宇部《うべ》村、八〇〇石余は隣接する小郡宰判岐波《きわ》村にあった。

▼挟箱　衣類などをいれる箱。ふたに木をとおし、かついで運んだ。

●天満宮祭礼の行列（『八江《やえ》萩名所図画』）

福原領▲で百姓を営んでいたが立ちゆかなくなり、九州の小倉から山口まで移動していたという。うち山口にいるあいだには小商い・綿打・日用稼ぎ・家中奉公と職業を転々としていた。当時の百姓がたえず没落の危機と隣合せであり、家を失い村を放りだされた者が奉公人の供給源をなしていたことがうかがえる。

そうした彼がはるばる江戸まででてきたとき、頼ったのはかつての働き先での知人にほかならなかった。別の箇所では毛利市正へ挟箱《はさみばこ》▲持ちとして雇われたときの知合いだといっている。十兵衛自身は臨時に雇われたもので、中間同士の結合に直接入り込んだわけではなさそうだが、それでも自分では知合いになったと思い込んでいた。伊勢参りといいつつも、江戸にいけば知己がいる、そのことが移動の動機をなしていたのではないか。

そこで藩は毛利市正の中間に事情をたずねたが、「たしかにその日の朝にもやってきたが、奉公口はないといって追い返しました」とのことだった。縁を求めて藩邸へきてみたが、あてにしていた知人にはあっさりと断わられ、やむをえず藩邸の裏門に臥せっていたのである。しかも藩邸を頼ってきた十兵衛に対する藩の態度は冷たいものだった。小倉へ向かうとき、あるいは山口をでる

▼**才料**　この場合は犯罪人を護送する責任者。

▼**胡乱者**　胡乱とはあやしい、疑わしいの意。

▼**人民撫育**　領民(人民)を大事に守り育てる、ほどの意。領内に法令を発令する際、「人民撫育」のためだ、と常套句のように用いられている。

とき正規の手続きをとったのかと糺し、それがないとわかると、御法を背いた重々不届き者だとして才料《さいりょう》▲をつけて国元《くにもと》へ送り返している。籠舎《ろうしゃ》に処したうえ遠島《えんとう》とするのが妥当との判断を付し、かつ「胡乱者《うろんもの》▲」だから護送途中に船から海へ転落しようとも才料は責任をおわなくてもよい、とまで付言する念のいれようだった。「人民撫育《ぶいく》▲」とはこの藩が好んで使うフレーズだが、その言葉の空疎さがよくわかる対応ではある。

ともあれ彼はやみくもに各地を移動していたのではなくて、一つには妹聟や兄といった血縁関係が、今一つはかつて毛利市正家に奉公したときの知合いという縁故が、それぞれ媒介となっていた。この例からしても、表面上は流動的にみえる「日用」層の移動も、縁故をあてにするという、彼らなりの計算の上に成り立っていたとみるべきであろう。

またそうした縁は連鎖することで、つぎつぎに拡大していくものでもあった。一七二二(享保《きょうほう》七)年に今魚店町《いまうおだなちょう》の庄左衛門が処罰された例をみてみよう(毛利家文庫「罪科」一八〇—四)。

まだ東《ひがし》田町《たまち》にいた去年四月中旬ごろ、浜崎《はまざき》町の田村与兵衛《たむらよへえ》がやってきて、

「この水原十郎左衛門《みずはらじゅうろうざえもん》は、なかなか地位のある御方だ。こちらで宿を求めておられるが、自分のところは手狭である。宿を貸してもらえまいか」としきりに頼まれた。当の十郎左衛門からは、「来着の届けがないが、内藤新左衛門《ないとうしんざえもん》様の家中に親類がいる。数日うちにこちらによこすからおいてくれ」といわれた。そしてたしかに数日後、内藤新左衛門家中にいる伯母と称する者がやってきて、「十郎左衛門は石州《せきしゅう》で▼持弓足軽《もちゆみあしがる》▲を務め、別条なく暇をとった者で心配いらない。届けのことをとやかくいう者があったら、内藤新左衛門様の家来と答えておけばよい」という。こうしてたたみかけるように頼み込まれ、十郎左衛門をおいてやることにした。その後七月になって、十郎左衛門が祖式又右衛門《そしきまたえもん》方へ奉公することになり、その請人《うけにん》に立ってやった。さらに今年正月にまたやってきて、「祖式方で暇をとった。以前からの『なじみ』のことだから、宿を貸してくれ」と懇願され、ふたたびおいてやることにした。しかし十郎左衛門はこの三月に病気になり死んでしまったのだった。その死後、来着の手続きがない者を宿泊させたかどで、庄左衛門は処罰を受けるのである。

津和野《つわの》藩の足軽だったと名乗る水原十郎左衛門は、来着の手続きもないとい

▼**持弓足軽**　藩主に近侍する弓足軽。

うのだから、やはり家や共同体から切り離された者だったのだろう。浜崎の田村与兵衛や萩藩家中にいる伯母を頼って萩に来た。そして田村与兵衛の紹介で庄左衛門に世話してもらい、今度はそれに頼って奉公先の斡旋や、暇をとったあとの宿の面倒もみてもらっていた。縁の連鎖によって、萩での暮しが成り立っていたといえよう。彼はまがりなりにも縁に連なることによって、萩での雇用先や居所を確保できていた。逆にいえばそうした縁がない者は、萩に来ても仕事にありつけず、居場所もなく「うろたえ」るしかなかったろう。

偶然の契機で田畑を失い、家や共同体からも無縁となった個人、文字どおり体一つで生きていくしかない境遇におかれてしまった彼らではあったが、それだからこそ血縁、地縁、仕事先での縁といったさまざまな縁は、露命をつなぐかけがえのない社会関係にほかならなかった。そうした縁をたぐりよせ、そのつながりを頼って滞在先や稼ぎ先をみいだそうとする。縁のネットワークとでもいうべきこうした関係は、小経営を基盤にする町人や百姓、職人が形成する身分集団とは明らかに性質を異にするものである。身分社会の構成原理とは異なる社会関係を形づくり、そのなかで生存をはかっていたことになる。

店借としての定着

そうした縁を介することで、たとえば石州の水原十郎左衛門はまがりなりにも町方《まちかた》に定住できていた。彼のように奉公を止めたあと店借《たながり》として定着を果たす者はたしかに存在したであろう。

また「御仕置帳《おしおきちょう》」から一例をあげておこう。一七一九(享保四)年、萩唐樋町《からひちょう》で夫婦喧嘩の騒ぎがあり、その処理のなかで津和野出身の妻が無届けで萩へ来た者だったことが判明する事件があった(毛利家文庫「罪科」一四五—五)。この夫伝《でん》四郎《しろう》は、もともと阿武郡地福村《あぶじふく》百姓平兵衛《へいべえ》の次男であり、八年前父の死去にともない借銀整理のため田畑を売り払ってしまった。当時一五歳だった兄は萩へでて馬木彦右衛門《まきひこえもん》方へ奉公、一二歳だった伝四郎は津和野の叔父へ引きとられ、母は在所で洗濯を稼ぎに暮していたという。百姓経営にゆきづまり、一家離散の憂き目にあってしまったのである。しかし彼はその後兄を頼って萩にでて来、兄に請人に立ってもらって松本に借屋、のちに唐樋町に引っ越したのだった。

所属する家を失ってしまった彼もまた、「うろたえ者」として摘発される予備軍そのものだった。しかし彼には頼るべき叔父があり、また兄もあって萩に借屋を構え夫婦で暮すことができていた。血縁が移動の契機をなしていたことが確認できるとともに、それを介してふたたびあらたな世帯を構えることもありえたことがわかる。

彼らの社会意識をそのものとして史料のなかから検出することは、まず不可能といってよい。しかしこうした例があることからすれば、小経営に復帰し、町や仲間などの集団に所属したい、やはりそうした志向をもっていたのではないか。身分社会のなかでの安定した地位を望んでいたということである。しかし現実には、よしんば借屋し世帯を構えられたとしても、日用や小商人としてかつがつ暮していくのが精一杯であって、不安定であることにかわりはなかったろう。意識がどうあれ、身分社会のなかでは疎外された地位しか結局は占めえなかったはずである。

奉公人の出身地域

ところでそうして縁を頼って萩へ流入してくる者は、そもそもどこに出自していたのだろうか。「御仕置帳」のなかで「うろたえ者」などとして処罰される者には、領内のほかには石州など近国からの場合がほとんどで、極端に遠隔地の者はあまり多くはないように思える。ただしそうしたことを概観できる定量データがあるわけではなく、なんとも判断のつきかねるところではある。

ここでは参考のため、萩を離れて山口町の例を取り上げてみたい。ここは山《さん》陽道《ようどう》沿いの小郡《おごおり》から萩へぬける街道《かいどう》の途中に位置する小都市で、近世後期では五〇〇〇人ほどの人口からなっている。そして石州街道▲にそった四つの町を核にして、いくつかの町を随伴して形成されていた。そうした町の一つ下立小路《しもたてこうじ》には、一六六七(寛文《かんぶん》七)年の「家付人付帳《いえつけひとつけちょう》」が残されている(毛利家文庫「諸省」七二)。この時期の人別《にんべつ》台帳▲としては、萩藩のなかでは類例のない貴重なものだということもあり、取り上げようと思う。東西に伸びる四町▲の東端を北へ直行し、萩へぬける街道にそって南北に細長く展開するのが立小路である。人馬の継送《つぎおく》りをする目代所《もくだいしょ》がおかれていた。

まず家別の職業構成を次ページ上表にまとめておいた。全体は諸職業に従事する七三人と、奉公人衆九人とに二分されている。このうち奉公人衆とはほとんど藩の足軽・中間である。山口には御茶屋《おちゃや》▲などの施設があるから、そこに勤

▼**石州街道**　山陽道の小郡から分岐し、山口をとおって津和野へぬける街道。

▼**人別台帳**　萩藩では十八世紀末から「戸籍仕法」が施行されている。その後十九世紀初めに改訂されて、それによって作成された「戸籍帳」がいくつか残されている。しかし件数は少なく、また一般にある「宗門《しゅうもん》人別帳」の類はほとんど残っていない。

▼**(山口の)四町**　大市《おおいち》・中市《なかいち》・米屋町《こめやちょう》・道場門前はそれぞれに町組を従えたし、地料もほかより格段に高く設定されていた。「森下、一九九九」参照。

▼**御茶屋**　領内の主要な宿駅に設けられた藩主らの滞在施設。山口の御茶屋は一部が宰判の代官所(勘場《かんば》という)に利用されていた。

●—山口下立小路の職業別構成(1667年)

職業	家数	職業	家数
町老・旅人やどかし	軒 1	小商	軒 7
旅人やどかし・畠づくり	3	日用小商	2
馬をい	7	日用	1
馬をい・畠づくり	2	畠づくり・日用	12
人夫組	4	畠づくり	8
山師	1	後家	5
山師・畠づくり	1	老足者	1
大工	3	小計	73
木引	1		
畳や	1	奉公人衆(御鉄砲衆)	4
ごきや	5	奉公人衆(御中間)	3
くろちやそめや	1	奉公人衆	1
医者	1	奉公人衆(下人)	1
たばこうり	4	小計	9
たばこうり・小間物売	1		
小間物売	1	合計	82

毛利家文庫「諸省」72より作成。

●—山口下立小路住人のうち他国出身者(1667年)

名前	職業	出身	来住の年	妻の出身	子の人数
少兵衛	畠作り	右田村	10年前	単身	なし
五郎兵衛	人夫組の者	広島	当2月	単身	なし
太郎兵衛	人夫組の者	久賀	当春	単身	なし
四郎兵衛	山師・畠づくり	広島	10年前	山口	2人
九郎兵衛	たばこ・小間物売	三田尻	10年前	山口	2人
長兵衛	ごきや	大坂	5年前	山口	なし
清左衛門	小間物売	松山	3年前	山口	2人
甚兵衛	大工	右田村	3年前	山口	1人
五兵衛	たばこうり	広島	18年前	広島	1人
三郎兵衛	山師	広島	10年前	広島	1人
惣左衛門	畳や	萩	3年前	萩	1人

毛利家文庫「諸省」72より作成。

務した者であろうか。対して諸職のほうをみると、宿貸四人、馬追い・人夫《にんぷ》組など宿駅関係の者があり、また大工以下の職人も一定数いる。うち「ごきや」とは五器屋のことで、木地師《きじし》▲ないし椀《わん》職人のことだった。しかし断然多いのは小《こ》商人《あきんど》や煙草《たばこ》売・小間物《こまもの》売、ないし日用稼ぎの類である。かつ畠づくりもかなりいる。四町には有力な町人が集中していたのだろうが、それ以外の町には、この立小路のように零細な者が居住していたことがわかる。

実は家の当主一人ひとりについては出身が書きつけられている。それによると圧倒的に山口とする者が多い。これが実態をそのまま表現しているのかどうか、やや疑問が残るところだが、なかに他所からやって来たと明記される者も表示の一一人いた(前ページ下表参照)。うち大坂から来た「ごきや」長兵衛《ちょうべえ》は各地を移動する木地師なのであろう。また右田《みぎた》村は、山口からは比較的近距離にあたる。そしてそれ以外では、広島など比較的遠くの者が目につくところだろう。しかもそれらには人夫組や小間物売・煙草売など商人、日用の類が多いように思える。

また彼らは⑴単身、⑵山口出身の妻をもつ、⑶同じ出身地の妻をもつ、の三

▼木地師　轆轤《ろくろ》を使って什器《じゅうき》を生産する職人。材料になる木を求めて山中を移動する場合が多かった。

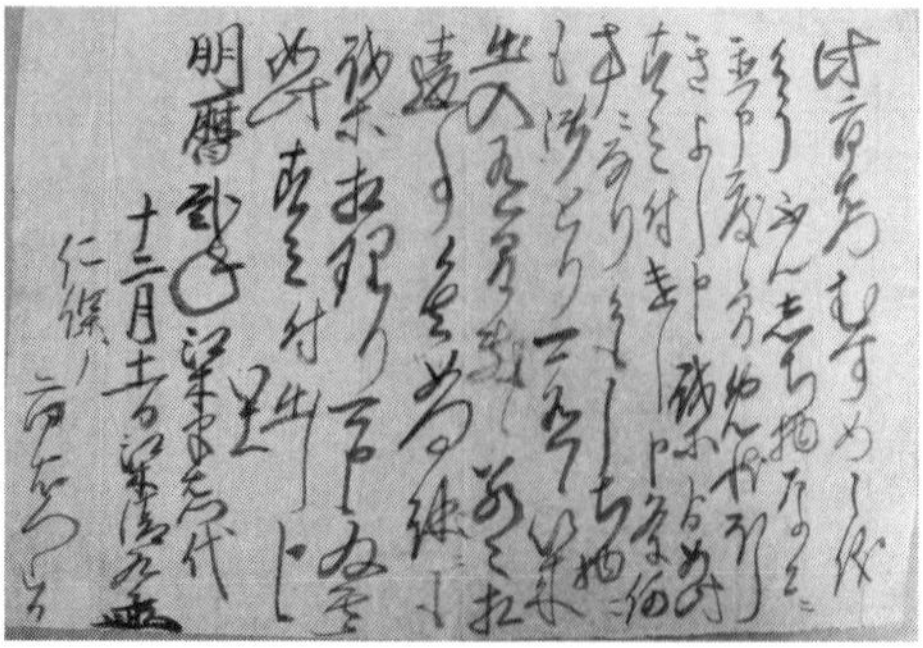

●――下女の質入れ証文（山口県文書館安部家文書）　山口の商家に残ったもの。近郊の仁保《にほ》村市《いち》右《え》衛門《もん》が娘を質物奉公に差しだした際の証文。一六五六（明暦《めいれき》二）年十二月十一日付。十七世紀にはこうした形式の奉公契約も広汎にあったのだろう。

パターンに区分しうる。このうち(1)の二人は今年になって来た者で、対して(2)・(3)の者は数年から一〇年以上を経過していた。つまり単身で流入するなかに、やがて山口で妻を娶り家族を構える場合もあったことがわかる。

さらに住人がかかえる奉公人もこの付立《つけたて》は書き上げている。次ページ表にまとめた二三人がそれだが、断然下女《げじょ》が多い。しかも下女のうち六人は譜代《ふだい》とされるし、そのほかでも二〇年、三〇年と長期にわたりかかえられた者がほとんどである。これに対して下人は一人を除いては二年や三年前からかかえられた者であって、年季奉公人の可能性が高い。かつ在所は山口市中や近郊農村のほかに、領内の阿武郡・熊毛《くまげ》郡および石州津和野がみえる。

こうして十七世紀後半の山口下立小路町において、他所から奉公人などとして流入した者がたしかにおり、さらになかには借屋に居住し定着する者もいた。ただし出身地はせいぜい領内か、遠くても津和野・広島や伊予《いよ》程度におさまっていた。もちろん萩は山口の数倍規模の都市だし、なにより武家奉公の需要がある点は決定的に異なる条件である。しかし十七世紀後半の山口町で観察されたことの延長に萩への流入の仕方を考えてよいのではないか。すなわち奉公を

●—山口下立小路でかかえられている下人・下女(1667年)

	名前	主人	生所	召抱の時期
下人	与五郎	正左衛門	山口立小路	譜代の者
	三之丞	弥左衛門	山口久保小路	2年前
	六兵衛	八左衛門	山口朝倉	〃
	弥五左衛門	河野忠右衛門	吉敷郡桜畠	3年前
	三太夫	慶庵	阿武郡地福	2年前
	太郎兵衛	四郎左衛門	熊毛郡久賀	当年
	三蔵	又兵衛	津和野	5年前
下女	みや	久兵衛	山口立小路	譜代の者
	さか	〃	〃	〃
	ふく	作兵衛	〃	〃
	とひ	〃	〃	〃
	かめ	八郎兵衛	〃	〃
	きく	弥左衛門	〃	30年前
	せうろ	河野忠右衛門	〃	3年前
	さか	市兵衛	山口上立小路	譜代の者
	つる	河野忠右衛門	山口木町	20年前
	さい	作兵衛	山口松木町	〃
	なつ	又兵衛	山口今市	10年前
	はん	慶庵	山口後川原	〃
	あや	宇兵衛	〃	2年前
	かな	長兵衛	佐波郡右田	10年前
	ちよ	善左衛門	吉敷	15年前
	こせう	弥左衛門	平井(吉敷郡)	5年前

毛利家文庫「諸省」72より作成。

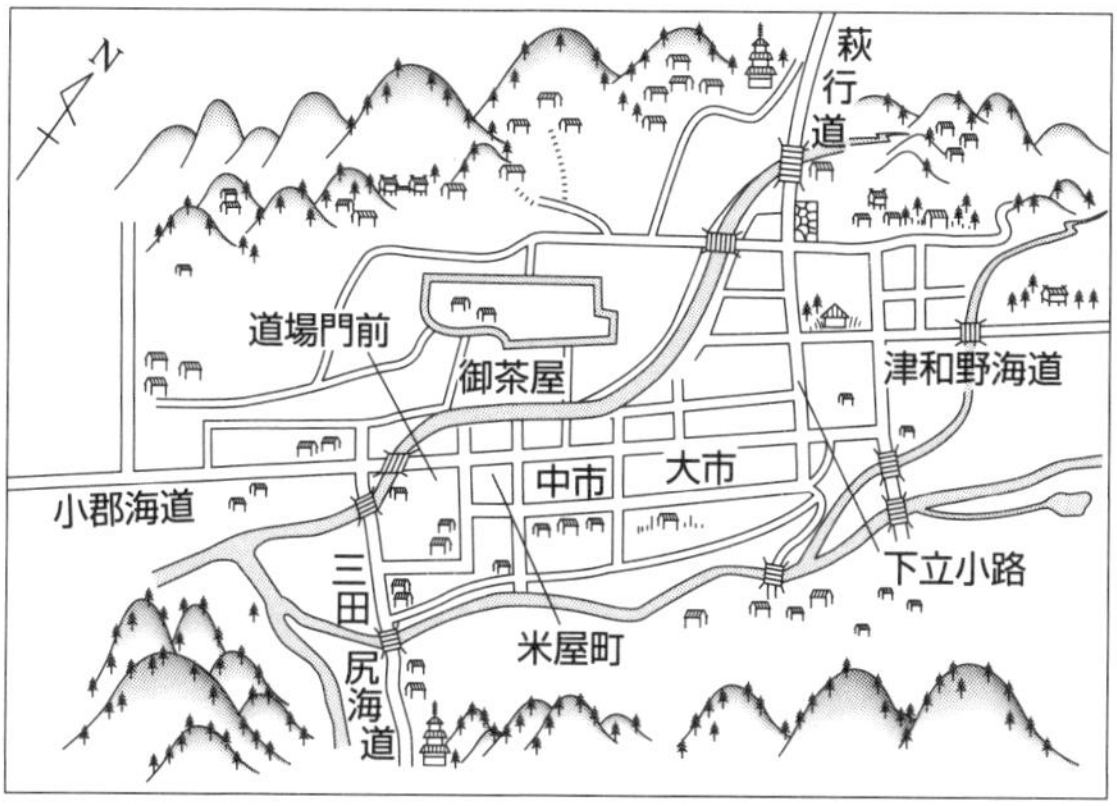

●—十七世紀末の山口町(毛利家文庫「絵図」三二〇より作成) 大市～道場門前の四町を中心にできた町。下立小路は大市から萩へぬける街道沿いにある。

▼萩町大工　十七世紀後半に「作料改め」が何度か実施されている。一六六九(寛文九)年のものでは、弟子も含めて五組三四一人が帳簿に登録された。彼らは御木屋に対し水役を負担する義務があった。

求めて流入する者は多く領内各地から、もしくはせいぜい隣国からの者であって、極端な広域を移動する場合は少ないということである。

なお、これまた間接的な事例となるが、一六六九(寛文九)年における萩町大《だい》工《く》の作料規定を取り上げてみたい(毛利家文庫「継立原書」一六)。その書上げをみると、町大工個々人について居所の町名が記載されているなかで、明らかに他所の地名が肩書きされる者がいる。それらは岩国《いわくに》、石州の浜田《はまだ》・津和野、広島などだった。大工の移動を「日用」層のそれと混同するわけにはいかないが、近隣の城下町《じょうかまち》からの流入がやはり中心なのである。各地には萩と同程度な需要地、たとえば広島や津和野のような城下町があって、それぞれが核となって周辺地域の職人や労働力を吸着していたことが示されているのではないか。そしてなかに、近隣の城下町同士の移動もあったということだろう。

こうして「日用」層の移動域も、各地の城下町など都市域を核にした連鎖として成り立っており、かつそれぞれの内部では複雑に絡まり合った縁のネットワークを構成していたとみなせるであろう。家や村から追いだされた者も、なんらかの形でその網に掬いとられて城下町へと吸いよせられていった。そこには結節点となる宿があり、一時の滞在場所としつつ奉公人として供給されるのを待っていた。奉公人の供給も、基底のところにあるそうした結びつきに依拠していたことになろう。

近世後期の動向

その後、瀬戸内地域では島嶼部を中心に飛躍的な人口増を迎える。たとえば近代の移民輩出地として著名な萩藩領の大島《おおしま》▲では、十八世紀半ばから幕末《ばくまつ》にかけて実に三倍の増加をみている。それにともない多数の出稼ぎ労働力も生み出され、瀬戸内各地の労働需要を担うようになる。その中核には塩田《えんでん》での浜子《はまこ》▲労働があったように思えるが、たとえば萩での奉公人調達もそれへの依存を強めたであろう。近世後期になると供給地域が瀬戸内地域にシフトするという、新しい段階を迎えるのである。それにともなって労働力＝商品に吸着しようとする斡旋業者の成長▲もみることになった。しかし奉公人同士の結合関係や縁のネットワークを介した移動、総じていえば個と個が織りなす社会関係は、他方で根強く残り続けるのではないか。

▼**大島**　藩領西端にある島。屋《や》代島《しろじま》ともいう。近代には移民を輩出したところとしても有名。

▼**浜子**　塩田で製塩労働に従事する労働者。浜ごとに、上浜子を頂点にした独特な社会関係を構成していた。たとえば三田尻《みたじり》塩田だけで三八〇〇人もの浜子がいたという。［山下、二〇〇六］参照。

▼**斡旋業者の成長**　十九世紀初め、手広く藩の中間代役を斡旋していた大草三郎《おおくささぶろう》右衛門《えもん》が知られる。彼は萩魚《うお》ノ店《たな》に居住し、山口や三田尻などの業者とも連携して領内各所から労働力を調達していた。しかし送り込んだ奉公人（代役）の管理責任を問われ、処罰を受けている。［森下、二〇〇五］参照。

▼山口宰判　山口町を中心にした宰判。山口町のほか約二〇カ村からなる。

最後にこの見通しを、やはり山口町から確認しておきたい。

一八六三(文久《ぶんきゅう》三)年というと、五月に下関《しものせき》で攘夷《じょうい》決行のため外国船を砲撃、翌月には報復を受けてしまい、さらに八月には京都で八・一八政変が起こるなど、萩藩にとっては激動の渦中にある年だった。そうしたなかで藩は他国人を領内から追放するように命じる。治安上・防衛上の観点からの措置であろう。この指示に対して山口宰判▲の村々が、一〇年以上滞在の他国者を書き上げ、それについては追放を免除されるよう願ったリストが残されている(山口県文書館山口小郡宰判記録一九)。そのなかに山口町からの申請は含まれておらず、あくまで地方《じかた》の村々からのものだった。ただし山口に隣接する宇野令《うのりょう》や宿駅のあった黒川《くろかわ》村・仁保《にほ》村など都市的な場を含む村の分は多いので、山口町にもかなりの流入があったことが逆に推測できる。そして申請者それぞれについて、出身・経歴・家族が書き込まれている。

まず出身地について、特定できた場所を図に落としてみた(次ページ図参照)。筑後からの一人がいるが、そのほかはすべて石州および芸州《げいしゅう》からの者である。うち石州の分は石州街道を介して山口へ流入した者であろう。津和野領および

●──山口宰判に流入した他国者の出身地

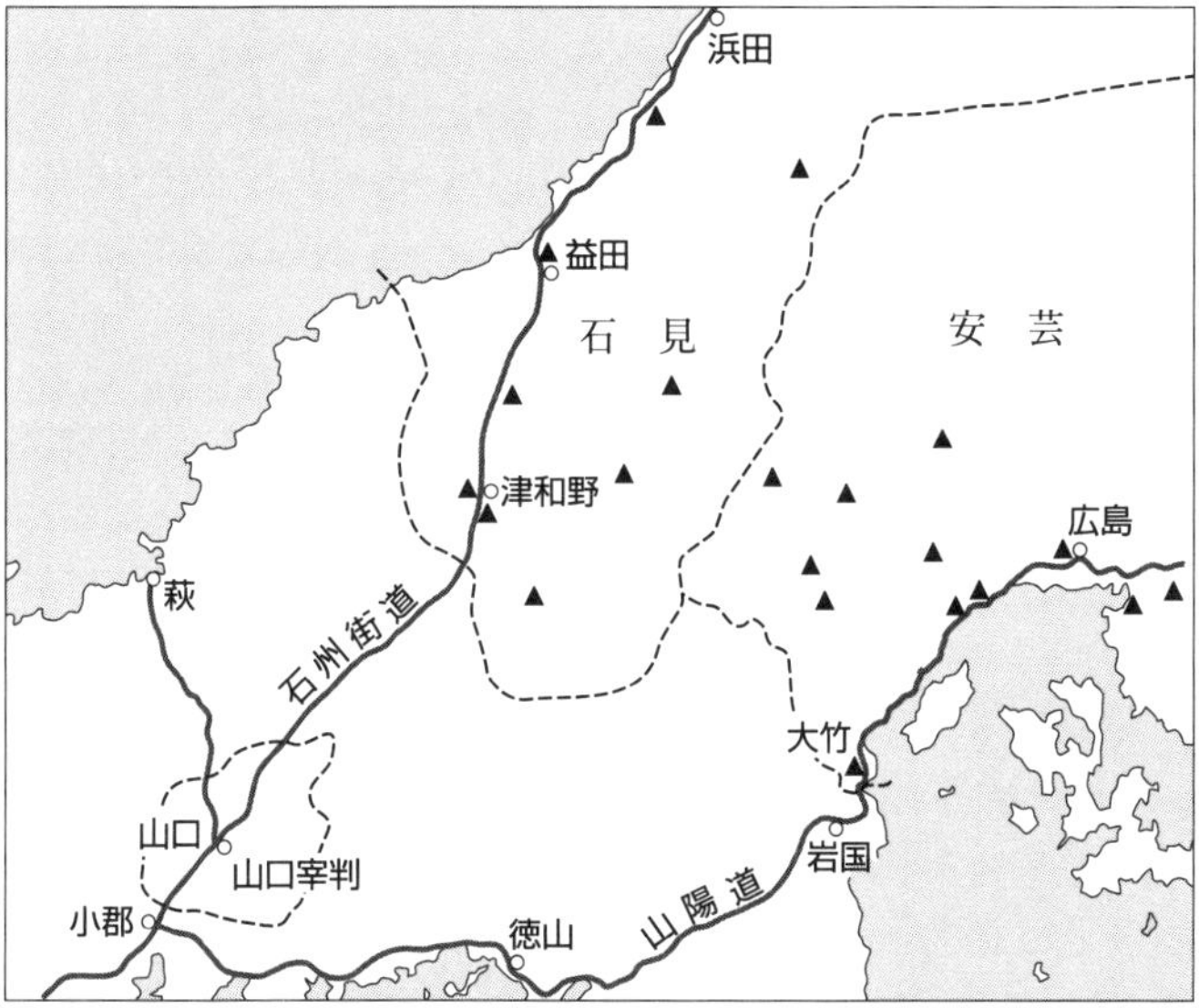

●──山口宰判下宇野令からの他国者居住許可申請者

申請者	家　族	出　　身	経　　　　歴	備　　考
栄次郎	妻・養子	芸州佐伯郡吉和村	31年前，山口宰判矢田村へ同州同郡の者を頼って来る。その後諸所で奉公。6年前当村へ来る。田畠も預かり作。	
清助	妻・男子・女子	芸州佐伯郡廿日市	18年前，山口宰判矢原村へ来て4年間日用拵。吉敷村にも10年滞在。6年前当村へ来る。田畠も預かり作。	
治右衛門	男子	芸州安芸郡矢野村	「かもじ商い」のため親子で萩・山口へ来る。3年前から山口堂の前で商い。去年，妹も来て兄弟3人で堂の前に。その後，矢原村の借屋に移り，父も来て4人で暮す。	「追払い仰せ付けらる」
常次郎	妻	芸州御城下平田屋町	2年前生国をでて日用拵をして当村へ来る。	「追払い仰せ付けらる」
助三郎	妻・子	芸州佐伯郡五日市	3年前生国をでて同州同郡の者を頼って当村へ来る。日用拵をする。	「追払い仰せ付けらる」
松吉		芸州沼田郡中嶋新町	2年前生国をでて方々で拵。同夏，当初湯田町にて，14，5年前からいた徳山領の者が妻子を残して死去したので，養子となる。	「追払い仰せ付けらる」
佐右衛門	子	芸州五日市	2年前生国をでて同州同郡の者を頼って当村に来る。父も当秋たずね来る。	「追払い仰せ付けらる」

「山口小郡宰判記録」19より作成。

浜田領にほぼ集中している。また芸州については隣接する佐伯《さえき》郡がほとんどである。幕末においても、他国からの流入はせいぜいこの範囲だった。

またこの図には表現しきれなかったが、同じ村出身の者が目につくところである。たとえば国境に近い芸州佐伯郡大竹《おおたけ》村は六人が集中しているし、同郡の多田《ただ》村は二人、津田《つだ》村は三人いた。あるいは石州浜田領益田村も三人がみえる。こうして他国者といっても出身がさほどの遠隔地ではないこと、かつ同じ村の場合があることは、それらが縁を介した移動だったことを予測させるものだろう。

そこでつぎに申請者のうち、下宇野令からの七人を取り上げ、その経歴をみてみよう。この村は山口町の西に隣接する村だが、来住して一〇年に満たない者もなぜか書き上げていた。彼らは結局追放を命じられるが、おかげでより実態に近い流入のようすをうかがうことができる。いずれも芸州の者だが、「かもじ商い▲」の治右衛門を除いては、来たばかりの数年間は奉公や日用挊《かせぎ》を行う場合が多いことがまずわかる。そして山口へやってきた経緯については、「同州同郡の者を頼った」とあるように地縁によるか、もしくは兄弟・親子の血縁

▼かもじ商い　女性の添え髪を商う者。

を頼る場合のどちらかだったこともうかがえる。

その際二、三年前に来た者でも家族を有していることからすると、家族をともなった移動が多かったことになる。ただし宿駅の黒川村からの申請五人はいずれも単身でやってきて日用挊や奉公をし、やがて婚姻や養子縁組などで「戸籍帳入れ」となった者だった。つまり流入には家族をともなうこともあれば、単身の場合もあった。縁を介して流入し、ふたたび家族を形成、村社会に復帰する事例もたしかに存在したことになる。しかし下宇野令は例外として、このときの申請対象とはならなかった部分に含まれる、単身の「日用」層としてすごす者が数としてはずっと多かったはずだろう。

こうして縁を介した移動は幕末においても広く存在した。瀬戸内一帯での労働需要の増大にともない斡旋業者の成長もみられたが、それによって直接編成された者はあくまで部分的だったというべきだろう。彼らも縁のネットワークに依拠して労働力を調達できたはずである。

労働社会の多様な展開

冒頭に述べたように、小経営と身分集団を基礎とする近世社会にあって、個がたがいに取り結ぶ関係は本質的には異質なものである。しかしたとえば労働力の取引をめぐっても、個人を基礎とした関係は広汎に形成されていた。

しかも注目されるのは、それが独特な結びつきを有するものでもあったことである。萩に即して振り返ってみれば、結節点となる宿があって、そこが流入する人口の滞在先となり、また斡旋業者への仲介も行っていた。こうしたなかば非合法的な宿が城下周縁に形成されていた。さらにその足下には、各地を移動する者たち相互の縁のネットワークが分厚く展開していた。結節点としての宿もその層の上に浮かぶものともいえた。もっともそうした人格的な関係、面接関係に依拠するからこそ、移動の範囲は領内や、せいぜい近隣地域を中心とするものではあった。

やがて商品経済の一層の進展とそれにともなう労働力需要の拡大は、彼らに吸着しようとする業者の成長をうながすが、奉公人たちは裸でそれに包摂されたのではなく、こうした独特な社会構造を挟んでであった。ここに労働力＝商品に鈍化しないあり方をみいだすことができる。

こうしたものの総体を労働社会と呼べば、それは各地で個性的かつ多様に展開していったのであろう。身分社会の頂点に君臨する武士たちも、地位の存在証明となってくれる奉公人の雇用を介して、これらと密接にかかわっていたわけである。

●――写真所蔵・提供者一覧(敬称略, 五十音順)

個人蔵　　カバー裏

萩市　　p. 77上・中・下

萩博物館　　カバー表, p. 39

毛利博物館・マツノ書店『八江萩名所図画』　　扉, p. 17, 53下, 59, 83

山口県文書館　　p. 50上・下, 53上, 57上・下, 92

●——参考文献

神田由築『近世の芸能興行と地域社会』東京大学出版会，1999年
久留島浩編『シリーズ近世の身分的周縁 5　支配をささえる人々』吉川弘文館, 2000年
高木昭作『日本近世国家史の研究』岩波書店，1990年
田中誠二『近世の検地と年貢』塙書房，1996年
田中誠二「解説」『山口県史　史料編近世 2 』山口県, 2005年
塚田孝『日本史リブレット40　都市大坂と非人』山川出版社, 2001年
東條由紀彦『近代・労働・市民社会』ミネルヴァ書房, 2005年
松本良太「長州藩江戸屋敷と『御国者』奉公人」『歴史評論』537号, 1995年
森下徹「近世の山口町と市」『瀬戸内海地域史研究』7 , 1999年
森下徹『近世瀬戸内海地域の労働社会』渓水社, 2004年
森下徹「地域と労働社会」『日本史講座 6　近世社会論』東京大学出版会, 2005年
森下徹「武家の周縁に生きる——萩城下と家臣団」森下徹編『身分的周縁と近世社会 7　武士の周縁に生きる』吉川弘文館, 2007年
山口啓二『鎖国と開国』岩波書店, 1993年
山下聡一「浜子」後藤雅知編『身分的周縁と近世社会 1　大地を拓く人々』吉川弘文館, 2006年
吉田伸之『近世都市社会の身分構造』東京大学出版会, 1998年
吉田伸之『巨大城下町江戸の分節構造』山川出版社, 1999年
吉田伸之『身分的周縁と社会＝文化構造』部落問題研究所, 2003年

●——参考史料

石川敦彦『萩藩戸籍制度と戸口統計』(私家版)
『萩市郷土博物館叢書　第 3 集　御客屋日記—萩町奉行羽仁右衛門幸統公務日記—』萩市郷土博物館, 1994年
『萩市史　第 1 巻』萩市, 1983年
『山口県史　史料編近世 2 』山口県, 2005年

日本史リブレット45

武家奉公人《ぶけほうこうにん》と労働社会《ろうどうしゃかい》

2007年2月25日　1版1刷　発行
2024年8月31日　1版4刷　発行

著者：森下《もりした》　徹《とおる》

発行者：野澤武史

発行所：株式会社 山川出版社

〒101－0047　東京都千代田区内神田1－13－13
電話 03(3293)8131(営業)
　　 03(3293)8135(編集)
http://www.yamakawa.co.jp/

印刷所：信毎書籍印刷株式会社

製本所：株式会社 ブロケード

装幀：菊地信義

ISBN 978-4-634-54450-5

日本史リブレット　第Ⅰ期［68巻］・第Ⅱ期［33巻］　全101巻

1 旧石器時代の社会と文化
2 縄文の豊かさと限界
3 弥生の村
4 古墳とその時代
5 大王と地方豪族
6 藤原京の形成
7 古代都市平城京の世界
8 古代の地方官衙と社会
9 漢字文化の成り立ちと展開
10 平安京の暮らしと行政
11 蝦夷の地と古代国家
12 受領と地方社会
13 出雲国風土記と古代遺跡
14 東アジア世界と古代の日本
15 地下から出土した文字
16 古代・中世の女性と仏教
17 古代寺院の成立と展開
18 都市平泉の遺産
19 中世に国家はあったか
20 中世の家と性
21 武家の古都、鎌倉
22 中世の天皇観
23 環境歴史学とはなにか
24 武士と荘園支配
25 中世のみちと都市
26 戦国時代、村と町のかたち
27 破産者たちの中世
28 境界をまたぐ人びと
29 石造物が語る中世職能集団
30 中世の日記の世界
31 板碑と石塔の祈り
32 中世の神と仏
33 中世社会と現代
34 秀吉の朝鮮侵略
35 町屋と町並み
36 江戸幕府と朝廷
37 キリシタン禁制と民衆の宗教
38 慶安の触書は出されたか
39 近世村人のライフサイクル
40 都市大坂と非人
41 対馬からみた日朝関係
42 琉球の王権とグスク
43 琉球と日本・中国
44 描かれた近世都市
45 武家奉公人と労働社会
46 天文方と陰陽道
47 海の道、川の道
48 近世の三大改革
49 八州廻りと博徒
50 アイヌ民族の軌跡
51 錦絵を読む
52 草山の語る近世
53 21世紀の「江戸」
54 近代歌謡の軌跡
55 日本近代漫画の誕生
56 海を渡った日本人
57 近代日本とアイヌ社会
58 スポーツと政治
59 近代化の旗手、鉄道
60 情報化と国家・企業
61 民衆宗教と国家神道
62 日本社会保険の成立
63 歴史としての環境問題
64 近代日本の海外学術調査
65 戦争と知識人
66 現代日本と沖縄
67 新安保体制下の日米関係
68 戦後補償から考える日本とアジア
69 遺跡からみた古代の駅家
70 古代の日本と加耶
71 飛鳥の宮と寺
72 古代東国の石碑
73 律令制とはなにか
74 正倉院宝物の世界
75 日宋貿易と「硫黄の道」
76 荘園絵図が語る古代・中世
77 対馬と海峡の中世史
78 中世の書物と学問
79 史料としての猫絵
80 寺社と芸能の中世
81 一揆の世界と法
82 戦国時代の天皇
83 日本史のなかの戦国時代
84 兵と農の分離
85 江戸時代のお触れ
86 江戸時代の神社
87 大名屋敷と江戸遺跡
88 近世商人と市場
89 近世鉱山をささえた人びと
90 「資源繁殖の時代」と日本の漁業
91 江戸の浄瑠璃文化
92 江戸時代の老いと看取り
93 近世の淀川治水
94 日本民俗学の開拓者たち
95 軍用地と都市・民衆
96 感染症の近代史
97 陵墓と文化財の近代
98 徳富蘇峰と大日本言論報国会
99 労働力動員と強制連行
100 科学技術政策
101 占領・復興期の日米関係